Susanne E. Schwaiger

Der Weg mit Pferden – Ein Weg zu mir

Das Pferd als Persönlichkeitstrainer

KOSMOS

Bildnachweis
Mit 68 Farbfotos von: Felix von Döring, Hamburg (S. 77), Klaus-Jürgen Guni / Horst Streitferdt, Böblingen (S. 15, 53, 62, 75, 86), Lothar Lenz, Cochem (S. 19, S. 35), Ulla Rafail, Altrip (S. 159, 171), Angelika Schmid-Neuhaus, Herrsching (S. 34), Markus Schwaiger, Augsburg (S. 55, 67, 121, 146, 165, 174, 176), Susanne E. Schwaiger, Pöttmes/Schorn (S. 31 li., 31 re., 42 li., 42 re., 76, 77 u., 119, 154, 155, 170, 175), Wolfgang Sittner, Stadtbergen (S. 1, 32/33, 64/65, 69, 80, 81, 88 li., 88 re., 90, 93, 94/95, 128, 142, 144, 148/149, 166/167, 179, 181, 184/185), Karl Strobel, Pöttmes/ Schorn (S. 82), Sabine Stuewer, Darmstadt (S. 10/11, 12, 16/17, 20, 23, 26, 29, 37, 44, 46, 49, 128, 130/131, 136, 139, 143, 144, 163).

Die Illustrationen auf den Seiten 109, 110, 111, 112 und 156 stammen von Frank Schwaiger, Augsburg. Die Grafik auf Seite 124 erstellte Cornelia Koller, Schierhorn.

Die Zitate auf den Seiten 10, 52, 64, 72, 130, 148, 166 und 184 sind entnommen aus Richard Bach, Illusionen, Verlag Ullstein, 1978. Die Zitate auf den Seiten 21, 23 und 25 sind entnommen aus Robert Vavra, Pferdestudien, Co-Libris Verlagsgesellschaft, 1979

Umschlaggestaltung von Friedhelm Steinen-Broo, eStudio Calamar. Titelfoto und Fotos auf der hinteren Umschlagseite von Wolfgang Sittner, Stadtbergen.

Die Deutsche Bibliothek – CIP Einheitsaufnahme
Ein Titelsatz für diese Publikation ist bei
Der Deutschen Bibliothek erhältlich

ISBN 3-440-07988-0
Lektorat: Alexandra Haungs
Grundlayout: Friedhelm Steinen-Broo, eStudio Calamar
Herstellung und Satz: Markus Schärtlein
Printed in Czech Republic / Imprimé en République Tchèque
Druck und Bindung: Těšínská Tiskárna, a. s., Český Těšín

Kosmos-InfoLine

Fragen Sie die Autorin Susanne E. Schwaiger

Susanne E. Schwaiger ist Persönlichkeitstrainerin, Reitlehrerin und Pferdeausbilderin. Sie gibt regelmäßig Seminare zum Persönlichkeitstraining mit Pferden, Körpersprache, Dominanztraining und Energiearbeit.
Sie können sich mit Ihren Fragen und Problemen an sie wenden.
Schreiben Sie an die Kosmos-InfoLine Persönlichkeitstraining mit Pferden:
Kosmos Verlag
Postfach 10 60 11
70049 Stuttgart

Ein paar Zeilen zu diesem Buch 7

Pferde, Symbolträger des Unbewußten 10

Mit Pferden verbinde ich ... 13

Das Wesen des Pferdes 16

Das Pferd – ein Lauftier 19
Das Pferd – ein Fluchttier 20
Das Pferd – ein Herdentier 21
Hierarchischer Aufbau der Herde 22 – Die Leitstute 25 – Der Leithengst 26 – Faktoren der Rangordnung 27 – Kommunikationsmittel der Pferde 30 – Besondere Fähigkeiten der Pferde 31

Begegnung von Mensch und Pferd 32

Kontaktaufnahme mit Pferden 34
Übung zur Körpersprache 36
Beziehung zwischen Mensch und Pferd 38
Nähe und Distanz 39 – Erkennen Sie Ihr eigenes Beziehungsprofil 39 – Leittierqualitäten des Menschen 41
Integration 45
Integration von Anima und Animus 46 – Integration archaischer Eigenschaften 47 – Integration des Animalischen 48 – Integration von Gegensätzen 51

Vom Allgemeinen zum Besonderen 52

Zufälle und Fügungen 53

Zufälle, die unser Leben bestimmen 54
Warum haben Sie zufällig genau dieses Pferd? 54
Die Geschichte von Jutta und Pasha 55
Der Zufall in Ihrem Leben 57
Symbolik der Pferde 58
Die Ist- und Soll-Bilanz 58 – Selbsttest 61 – Charakteristika von Mensch und Pferd 63

Die geistigen Gesetze 64

Das Gesetz der Resonanz 66
Gratuliere, Sie haben das richtige Pferd! 69 – Glauben Sie immer noch an Zufälle? 72 – Das Pferd als Entwicklungshelfer Ihrer Persönlichkeit 74 – Die gemeinsame Wachstumschance 77
Das Gesetz des Denkens 78
Was rote Autos mit Ihnen und Ihrem Pferd zu tun haben 78 – Die Macht der Vorstellungskraft, oder wie man in einer Regenpfütze ertrinkt 79 – Worauf richten Sie den Blick bei Ihrem Pferd? 79 – Die Werte auf der Habenseite 80
Das Gesetz der Polarität 82
Die positiven und negativen Eigenschaften 83 – Die Macht der positiven Verstärkung 88 – Am Anfang war der Gedanke und das Bild 89 – Wunscherfüllungsmeditation 90

Frieden schließen mit der Vergangenheit 94

Die Zeitspur, ein chronologischer Abriß 96
Ihre Zeitspur mit Pferden 97 – Die Zeitspur Ihres Pferdes 104
Die Vergangenheit bestimmt nicht die Zukunft 105
Kontrolldramen – Überlebensstrategien aus der Vergangenheit 107
Entdecken Sie Ihr «Lieblingskontrolldrama» 108 – Der Einschüchterer 109 – Der Vernehmungsbeamte 110 – Der Unnahbare 111 – Das Arme-Ich 112 – Durchbrechen alter Automatismen 116
Chakras: Unsere Energiezentren im Körper 124
Was sind Chakras? 124 – Die sieben Hauptchakras 125 – Wie kann man Chakras aktivieren? 127
Meditation «Das innere Lächeln» 128

Der Kampf um Energie, ein Kampf um Macht 130

Psychologische Grundbedürfnisse 132
Eine Kettenreaktion 132 – Von «Mübies» und deren Räubern 132
Sind Sie ein Energieräuber? 134
Hans und der Kampf mit dem Hengst 134 – Bestrafung eines «Missetäters» 135 – Führungsqualitäten oder Egotrip? 137 – Selbstbefragung 138
Verabschieden Sie sich vom Mangeldenken 139
Die heiß umkämpfte Colaflasche 139
Das Gesetz der Fülle 140
Schöpfen Sie noch immer mit dem Fingerhut? 141
Das Gesetz der Freiheit 142
Pferde, ein Symbol der Freiheit 143 – Loslassen, geschehenlassen, sich tragen lassen 144

Bringen Sie sich selbst in Ordnung 148

Blockaden, die uns das Leben schwer machen 150
Unser Selbstbild 150
Mein ideales Selbst 152 – Hören Sie auf, sich selbst klein zu machen 153 – Schalten Sie Ihre «Egoposaune» aus 154 – Hören Sie auf, sich selbst Angst zu machen 156 – Bringen Sie sich selbst und Ihrem Pferd größte Wertschätzung entgegen 158 – Loben Sie sich selbst 159 – Gehen Sie behutsam mit Ihrem Bewußtsein um 160 – Sich zu lieben heißt sich zu fördern 161 – Achten Sie Ihren Körper 163

Der Harmoniekreis 166

Die inneren Instanzen 168
Mit dem Pferd in Einklang 171
Sebstbefragung 172 – «Anker»-Checkliste 172 – Vertrauen 174 – Glaube 175 – Selbstbild 177 – Innere Kraft 178 – Emotion/Gefühl 179 – Realität 180 – Fähigkeiten 181 – Verhalten/Tun 182 - Lebensaufgabe 183

Der Weg ist das Ziel 184

Ist erst einmal der Mensch wieder in Ordnung … 187
Epilog und Danksagung 188

Serviceteil 190

Zum Weiterlesen 190
Register 191

Ein paar Zeilen zu diesem Buch

Ich hoffe, Sie gehören nicht auch zu den Menschen, die die einführenden Worte im Vorspann von Büchern grundsätzlich überblättern, weil sie Ihnen zu lang und möglicherweise auch zu langweilig erscheinen und nicht zuletzt, weil es Sie drängt, zum Wesentlichen eines Buches vorzudringen. Damit Sie den größtmöglichen Nutzen aus diesem Buch ziehen können, bitte ich Sie trotzdem um ein paar Minuten Ihrer Aufmerksamkeit und möchte Ihnen ein wenig den Aufbau und die Arbeitsmöglichkeiten mit diesem Buch erläutern. Versprochen, ich fasse mich kurz.

Sie werden sich vielleicht fragen, was sich hinter dem Begriff Persönlichkeitstraining überhaupt verbirgt und inwieweit so ein Persönlichkeitstraining für Sie selbst von Interesse und Nutzen sein kann. Im Persönlichkeitstraining geht es darum, sich seines bisher ungenutzten Potentials an Fähigkeiten bewußt zu werden, sich zu diesem Potential Zugang zu verschaffen und es sich nutzbar zu machen. Die Aufgabe eines Persönlichkeitstrainers ist es nun, Sie bei der Aktivierung Ihrer eigenen Ressourcen zu unterstützen. Sie werden verblüfft sein, welche Fähigkeiten und Möglichkeiten sich in Ihrem Leben auftun. Es ist ein Prozeß der Selbstfindung, ein Weg zu mehr Lebensfreude und Lebensglück. Es ist vollkommen gleich, wo Sie im Moment in Ihrem Leben stehen, wichtig ist nur, welchen Weg Sie künftig einschlagen werden. Mit diesem Buch möchte ich Sie auf diese abenteuerliche Reise zu sich selbst einladen und Sie ein Stück auf Ihrem Weg begleiten. Pferde werden dabei meine Co-Trainer sein. Das erscheint Ihnen momentan etwas absurd? Warten Sie es ab, Sie werden überrascht sein, wie gut das funktioniert. Die Verbindung Pferd und Persönlichkeitstraining scheint auf den ersten Blick eine Erscheinung unserer modernen Zeit zu sein, tatsächlich aber ist diese Verknüpfung schon sehr alt. Schon zu Zeiten der Ritter ging man davon aus, daß das Zusammensein mit Pferden den menschlichen Charakter veredelt. Aller Wahrscheinlichkeit nach liegt der Ursprung noch viel weiter zurück. Persönlichkeitstraining mit Pferden hat sich also bereits über viele Jahrhunderte hinweg bewährt.

In diesem Buch werden nun moderne Methoden und Arbeitsweisen aus dem Persönlichkeitstraining, wie gezieltes Hinterfragen in Arbeitsblättern und Checklisten, Übungen und Spiele aus dem NLP (neurolinguistisches Programmieren), der Psychokybernetik und des Mentaltrainings mit meditativen Entspannungsübungen, Körper- und Energiearbeit kombiniert, um Ihnen den Zugang zu Ihren eigenen inneren Ressourcen erfahrbar zu machen. Das Pferd wird zum Spiegel Ihrer bewußten und unbewußten Einstellungen, Verhaltensweisen und Ihres körperlichen Ausdrucks. Es wird zur Projektionsfläche Ihrer Wünsche und bisher ungelebten Persönlichkeitsanteile. Vieles wird Ihnen auf diesem Weg mit Pferden bewußt werden. Durch die mentalen und praktischen Übungen mit Ihrem Pferd werden unbewußte Blockaden gelöst und eine Entwicklung in Gang gesetzt, hin zu einer freien, authentischen Persönlichkeit, zu tiefem Verständnis der Pferde, zu echter Harmonie und Lebensfreude.

Dieses Buch ist vielleicht für Sie der Beginn einer abenteuerlichen Reise zu Ihrem wahren Selbst und zur wahren Natur Ihres Pferdes oder der Einstieg in einen neuen Erfahrungsprozeß mit einem Lebewesen, dem Sie bislang nur aus der Distanz begegneten.

Im ersten Teil dieses Buches möchte ich Ihnen aufzeigen, welchen Stellenwert die Begegnung und Auseinandersetzung mit Pferden für uns Menschen haben kann. Warum Pferde für die menschliche Persönlichkeitsentfaltung die idealen Partner sind. Und ganz gleich, ob Sie bereits pferdeerfahren sind oder Pferde nur aus der Ferne kennen, Sie werden an sich selbst erfahren, daß wir Menschen mit Pferden viel stärker verbunden sind, als Sie es bisher für möglich gehalten haben. Wir werden der Faszination und dem besonderen Stellenwert dieser Begegnung nachgehen, und Sie werden Ihre ganz individuellen Berührungspunkte mit Pferden herausfinden. Denn das Pferd als Symbolträger für Freiheit, Stolz, Kraft, Wildheit, Eleganz, Schönheit und Würde verkörpert damit auch eine Vielzahl unserer Sehnsüchte und Ängste.

Der zweite Teil widmet sich intensiv der individuellen Begegnung zwischen Ihnen und Ihrem Pferd. Sie werden im

Verlauf Ihrer Arbeit mit diesem Buch neue Sichtweisen kennenlernen, und das Pferd an Ihrer Seite wird für Sie zum wichtigen Berater, Trainer und aufrichtigen Freund. Anfangs stellen Sie vielleicht fest, daß sich Ihre Beziehung zu Ihrem Pferd zunehmend verbessert, es Ihnen womöglich gelingt, ein altes, konkretes Problem mit Ihrem Pferd zu lösen. Später werden Sie erkennen, daß diese durch Ihr Pferd gewonnenen Erfahrungen und Einsichten weit in Ihr «richtiges Leben» hineinreichen. Ihre neu gewonnene Klarheit, Bewußtheit und Selbstsicherheit wird Ihnen in allen Lebensbereichen zugute kommen.

Es ist ein Buch, das Ihnen Anregungen aber auch konkrete Hilfestellung geben will. Benutzen Sie es als Arbeitshandbuch.

- Die Übungen sind so konzipiert, daß Sie sie alleine durchführen können. Meiner Erfahrung nach gewinnen sie allerdings durch die Zusammenarbeit mit Freunden und Gleichgesinnten noch an Intensität und Erkenntnis.
- Wenn Sie Lust am Schreiben haben, dokumentieren Sie Ihren ganz persönlichen Entwicklungsweg in einem Tagebuch oder machen Sie sich im Buch möglichst viele Notizen.
- Kennzeichnen Sie die für Sie wichtigen Passagen und schildern Sie in Stichpunkten Ihre Erfahrungen. Sie können die Checklisten und Arbeitsblätter auch kopieren und sich eine Mappe anlegen. Später werden Sie erstaunt sein, welch interessante Erkenntnisse Sie in dieser Zeit gewonnen haben.
- Wenn Sie die Möglichkeit haben, bitten Sie einen Bekannten darum, gelegentlich Fotos von Ihnen und Ihrem Pferd in diesem Entwicklungsprozeß zu machen. Sie werden verblüfft sein, wie sich auch Ihr Pferd positiv verändert. Es wird sichtbar an Ausdruck, Charme und Schönheit gewinnen.

Um Anonymität zu wahren, wurden teilweise Namen der im Buch beschriebenen Personen und Pferde geändert. Für weiterführende, vertiefende Informationen möchte ich auf die Literaturliste am Ende des Buches verweisen.

Susanne E. Schwaiger

«Eine Wolke weiß nicht, warum sie sich in dieser oder jener Richtung bewegt und gerade mit dieser Geschwindigkeit. Sie fühlt einen Impuls ... dort muß ich jetzt sein. Aber der Himmel kennt die Motive und die Strukturen jenseits aller Wolken, und du wirst sie auch erkennen, wenn du dich hoch genug erhebst, um jenseits der Horizonte zu blicken»

AUS «ILLUSIONEN» VON RICHARD BACH

PFERDE, SYMBOLTRÄGER DES UNBEWUSSTEN

Mit Pferden verbinde ich

Pferde, Symbolträger des Unbewußten

Bevor wir uns dem realen Lebewesen Pferd, seiner Stammesgeschichte und seinem Verhalten zuwenden, möchte ich Sie für ein paar Augenblicke in Ihre innere Bilderwelt, in das Reich des Unbewußten entführen. Bitte nehmen Sie sich einige Minuten Zeit und legen Sie sich einen Stift parat.

Betrachten Sie eingehend das nachstehende Foto. Nehmen Sie die Farben und die Stimmung in sich auf, schauen Sie sich die abgebildeten Pferde eingehend an.

Schließen Sie nun bitte Ihre Augen. Richten Sie Ihre Aufmerksamkeit nach innen. Lassen Sie das Bild dieser Pferde noch einmal vor Ihrem inneren Auge erscheinen. Nun lassen Sie dieses Bild wie eine Wolke weiterziehen und beobachten Sie, wie nun Ihre eigenen Pferdebilder vor Ihrem inneren Auge auftauchen. Lauschen Sie in sich hinein, welches Gefühl vermitteln sie Ihnen? Welche Gedanken und Erinnerungen steigen dabei aus Ihrem Unterbewußtsein auf? Mit welchen Gefühlen verbinden Sie Pferde? Was symbolisieren Pferde für Sie? Öffnen Sie nun bitte die Augen und tragen Sie sofort und ohne groß nachzudenken alle Gedanken, Gefühle und Bilder, die vor Ihrem inneren Auge erschienen sind, in das farbige Feld ein.

Mit Pferden verbinde ich

Egal ob Sie bereits mit Pferden Erfahrungen gesammelt haben oder nicht, es wird Ihnen sicher nicht schwergefallen sein, Bilder und Gefühle mit Pferden zu assoziieren. Auch wenn Sie bisher noch nie Kontakt zu einem leibhaftigen Pferd hatten, erhalten Sie trotzdem diese Fülle von Informationen aus Ihrem Unterbewußtsein. Die am häufigsten genannten Bilder, Gefühle und Symbole meiner Teilnehmer möchte ich Ihnen hier nennen. Vielleicht finden Sie in einigen Punkten eine Übereinstimmung zu Ihren eigenen Aufzeichnungen.

Bilder/Erinnerungen	**Gefühle**	**Symbole**
Pferdeherde in freier Natur	*Frei sein von allen Zwängen, Grenzenlosigkeit*	*Freiheit*
wilder Hengst	*Stark sein, Macht besitzen, unbezwingbar sein*	*Stärke, Wildheit, Kraft, Würde, Stolz*
galoppierendes Pferd	*Uneingeschränkte Freiheit, Fortschritt, Geschwindigkeitsrausch*	*Bewegung, Anmut, Eleganz*
Heldenkampf zu Pferde	*Mutig sein, für eine gerechte Sache kämpfen*	*Mut, Entschlossenheit*
Reiter mit Pferd	*Zusammengehörigkeit, Verbundenheit*	*Harmonie, Einheit*
Stute mit Fohlen	*Hingabe, Liebe, Zärtlichkeit, Fürsorglichkeit*	*Leben, Liebe, Hingabe, Mütterlichkeit, Demut*
kämpfende Hengste	*Angst, Gewalt, Macht, Potenz*	*unbändige Wildheit, das Animalische*
durchgehendes Pferd	*Angst, Hilfslosigkeit, Ausgeliefertsein, Kontrollverlust*	*Urgewalt*

Pferde sind starke Symbolträger. Symbole sind die Sprache des Unbewußten. Das bedeutet, daß das Pferd an sich, auch losgelöst von unseren persönlichen Erfahrungen mit diesem Tier, für uns eine Tür sein kann, hin zu unseren unbewußten, tief verborgenen Persönlichkeitsschichten. Das, was wir in der Regel mit Pferden verbinden, hat unmittelbaren Bezug zu unseren bewußten und unbewußten Sehnsüchten und Ängsten.

Michaela, eine Kursteilnehmerin, erzählte zu unser aller Erstaunen, daß sie bis vor zwei Jahren vor Pferden noch große Angst hatte. Sie wagte es nicht einmal, ein Pferd über einen Zaun hinweg zu streicheln. Auf der anderen Seite fühlte sie sich aber von diesem Wesen magisch angezogen. Wo immer Pferde auf einer Koppel standen, lief sie an den Zaun, um erneut den Versuch zu wagen, diese Angst zu überwinden und eines der Pferde zu berühren. Doch sobald die Pferde in Reichweite waren, pochte Michaelas Herz bis zum Hals, und sie kehrte unverrichteter Dinge wieder um. Erst mit viel Zuspruch einer Freundin gelang ihr die erste körperliche Kontaktaufnahme zu einem Pferd. Dieses Erlebnis war für Michaela offensichtlich bahnbrechend. Sie kaufte sich kurz entschlossen ein eigenes Pferd, eine recht temperamentvolle und eigenwillige Stute. Michaela erklärte uns, daß sie darin die einzige Möglichkeit sah, sich ihrer Pferdeangst zu stellen und sie zu überwinden. Indem sie gezwungen war, für dieses Pferd zu sorgen, hoffte sie eines Tages ihre Angst zu verlieren. Ihren Erzählungen nach war die erste Zeit ein ständiges Wechselbad von Hochs und Tiefs, von Angstgefühlen und euphorischen Zuständen, wenn es ihr gelang, ihre Angst zu überwinden. Heute geht Michaela mit ihrem eigenen wie auch mit fremden Pferden sehr sicher und gelassen um. Inzwischen sind sogar Pensionspferde bei ihr eingestellt. Michaela erzählte weiter, daß ihre Freunde behaupten, sie sei in den letzten beiden Jahren viel selbstbewußter und mutiger geworden, und sie selbst sehe das auch so. Die Begegnung mit Pferden und die Überwindung ihrer tiefen Ängste sei für sie ein Akt der inneren Befreiung gewesen. Michaelas Sieg über ihre Pferdeangst bedeutet weit mehr, als die Furcht vor dem Tier zu verlieren.

Das Pferd steht symbolisch für eine ganze Reihe tiefer Ängste des Menschen. So werden wir beim Reiten zum Beispiel

mit unserer angeborenen Fallangst konfrontiert. Oder wir werden durch seine Wildheit mit unserer eigenen, vielleicht bisher unterdrückten animalischen Seite konfrontiert. Eine Teilnehmerin erzählte mir, Pferde lösten durch ihre körperliche Überlegenheit in ihr ein Gefühl der Hilflosigkeit und Ohnmacht aus, ein Gefühl, das sie nur allzu gut aus ihrer nicht sehr glücklich verlaufenen Kindheit kannte. Eine andere Teilnehmerin aus dem gleichen Kurs widersprach und erklärte, Pferde vermittelten ihr das Gefühl von Stärke und Macht.

Das, was wir mit Pferden verbinden, ist offensichtlich nicht standardisierbar, sondern sehr persönlich. Im Pferd begegnen wir einem wichtigen Botschafter unserer ureigenen inneren Welten. Durch die Begegnung und Auseinandersetzung mit Pferden können wir daher sehr viel über uns selbst erfahren, uns unserer Sehnsüchte und Ängste bewußt werden, unsere Fähigkeiten erkennen und nutzen, uns unserer Ziele und Motive klar werden und uns zu der Persönlichkeit entwickeln, deren Keim längst in uns schlummert. Pferde werden uns lehren, lebendig und wahrhaftig zu sein, ein Weg der Selbsterkenntnis, der inneren Freiheit, der Begeisterung und Lebensfreude.

*«Und Allah schuf das Pferd und rief ihm zu:
Dich habe ich geschaffen ohnegleichen.
Alle Schätze dieser Erde liegen zwischen
deinen Augen.»*

AUS DEM KORAN

DAS WESEN DES PFERDES

Das Pferd – Ein Lauftier 19

Das Pferd – Ein Fluchttier 20

Das Pferd – Ein Herdentier 21

Das Wesen des Pferdes

Ein Tier, dessen Symbolhaftigkeit so tief in unserem Inneren verwurzelt ist, verdient von uns näher betrachtet zu werden. Was ist das für ein Wesen, das die Menschheit von jeher fasziniert und begeistert hat? In allen Kulturen genoß das Pferd eine Sonderstellung, wurde zum Helden vieler Mythen und sogar zu göttlichem Ruhm erhoben. Vergehen gegen Pferde wurden hart geahndet und oftmals sogar mit dem Tode bestraft. In der Sagenwelt tauchen eine Fülle von pferdähnlichen Fabelwesen auf, wie etwa der Pegasus, das geflügelte Pferd der griechischen Mythologie, oder die Götterpferde der Germanen. Große Macht wurde den Pferden zugesprochen und stets waren sie umgeben vom Nimbus des Göttlichen. Doch nicht nur in der Mythologie wurde das Pferd verehrt, so steht es zum Beispiel auch im Koran geschrieben: «Und Allah schuf das Pferd und rief ihm zu: Dich habe ich geschaffen ohnegleichen. Alle Schätze dieser Erde liegen zwischen deinen Augen. [...] Auf der ganzen Erde sollst du glücklich sein und vorgezogen werden allen übrigen Geschöpfen: Denn dir soll die Liebe werden des Herrn der Erde, du sollst fliegen ohne Flügel und siegen ohne Schwert.» Weniger blumig, aber ebenso aussagekräftig ist ein Spruch aus unserem Volksmund, der sich auch in vielen anderen Kultursprachen sinngemäß wiederfinden läßt: «Das Glück der Erde liegt auf dem Rücken der Pferde.» Um eben dieses Glück geht es, das wir in der Begegnung mit Pferden finden wollen.

Worin liegt der Urgrund dieser tiefen Faszination? Im nachfolgenden Kapitel möchte ich Ihnen nur einen kurzen Einblick in die Stammesgeschichte des Pferdes geben, in seine angeborenen Eigenschaften und Verhaltensweisen. Es handelt sich dabei um die Charakterisierung eines Archetyps, einer Urform, da der natürliche Herdenverband selbst in freier Wildbahn so nicht mehr existiert. Unsere heutigen Pferde entsprechen jedoch noch immer in vielen Verhaltensweisen diesem Archetyp. Ich beschränke mich bei meinen Ausführungen auf die Bereiche, die für unsere Begegnung mit Pferden und das Persönlichkeitstraining mit Pferden wesentlich sind. Weiterführende Literatur finden Sie am Ende des Buches.

Das Pferd – ein Lauftier

Ursprünglich waren die Vorfahren unserer heutigen Pferde kleinwüchsige Waldbewohner. Durch Veränderung der klimatischen Bedingungen, durch die die Waldbestände verringert wurden, dafür aber riesige Steppen entstanden, entwickelte sich das Urpferdchen zu einem Lauftier. So schreibt Dr. med. vet. Gerhart Gerweck in seinem Buch «Die Psyche des Pferdes»: «Der derbe Boden der Steppe mit den teilweise harten, schwerverdaulichen Futterpflanzen machte es notwendig, daß die Tiere zur täglichen Futteraufnahme manchmal große Strecken zurücklegen mußten, was wiederum den Bewegungsapparat anregte und es zum Lauftier Pferd werden ließ.»

In unserem Zusammensein mit Pferden sollten wir deshalb nie vergessen, daß unsere vierbeinigen Gefährten ein hohes Bedürfnis nach Bewegung haben, und ihre Gesundheit und ihr Wohlbefinden von der Befriedigung dieses Bedürfnisses wesentlich abhängen. Die Möglichkeit zu freiem Spiel mit Artgenossen oder ihren Bezugspersonen ist dabei ein wichtiger Faktor. Allzu oft werden Pferde fälschlicherweise von ihren

Besitzern wohlwollend geschont, indem sie oft Tage lang in ihren Boxen eingesperrt werden. Auch das gutgemeinte einstündige Reiten pro Tag, bei dem den Pferden dann bisweilen große körperliche Leistungen abverlangt werden, entspricht nicht dem natürlichen Laufbedürfnis des Pferdes. Ihrer Natur entsprechend bewegen sich Pferde meist langsam, dafür aber stundenlang und über weite Strecken hinweg. Die Physiologie ihres Körpers ist genau auf diese Bewegungsart abgestimmt. Durch Bewegungsmangel oder einseitige Nutzung des Pferdes kommt es häufig zu Erkrankungen und frühem Ausfall.

Das Pferd – ein Fluchttier

Pferde gehören zur Gattung der Fluchttiere. Das bedeutet, daß sie in Gefahren- und Konfliktsituationen in der Regel ihrem Fluchtinstinkt folgen, es sei denn sie haben die Möglichkeit, sich an einem ruhig und gelassen bleibenden Leittier zu orientieren.

Auf die Funktion des Leittieres werden wir später noch genauer eingehen. Darüberhinaus gibt es auch Situationen, in denen Pferde sich einer Gefahr stellen und den Angreifer attackieren. Bei einer intakten Herde schließen sich die Pferde mit den Köpfen nach innen zu einem Kreis zusammen, in dessen Mitte sich die jungen und schwachen Tiere befinden. Mit ihren Hinterhufen verteidigen sie sich gegen ihre Angreifer. Gegen einzelne Angreifer verteidigt meist der Leithengst die Herde, indem er sich ihm mutig stellt. Entscheidet sich das Leittier jedoch zur Flucht, so folgt der Rest der Herde unmittelbar, vertrauensvoll und bedingungslos in der in der Herdenhierarchie bereits festgelegten Rangordnung.

«Die Gruppen reagierten rasch und immer in der gleichen Weise. Die rangmäßig hochstehenden Stuten und Fohlen flohen als erste, gefolgt von den rangniedrigeren Stuten; der Hengst bildete immer die Nachhut. ... Wenn Familiengruppen die Flucht ergriffen, hatte ich den Eindruck, daß die Fluchtrichtung manchmal vom ranghöchsten weiblichen Tier vorgegeben wurde, meist einer alten Stute. Die Aufgabe des Hengstes bestand hauptsächlich darin, säumige Pferde anzutreiben und Angreifer abzuwehren.»

(aus «Pferdestudien» von Robert Vavra)

Das Pferd – ein Herdentier

Pferde leben in sozialen Zusammenschlüssen, die dem einzelnen Schutz und Geborgenheit bieten. In einer Gemeinschaft zu leben, bedeutet gleichzeitig auch die Fähigkeit zu Sozialverhalten. Bei Pferden ist dieses Sozialverhalten sehr hoch entwickelt.

Hierarchischer Aufbau der Herde

Pferd
Lauftier
Fluchttier
Herdentier

↓

Hierarchischer Aufbau,
Rangordnung

↙ ↘

Leitstute
«Die große Mutter»
führt die Herde an
trägt Verantwortung
ist souverän
zeigt Besonnenheit

Leithengst
«Der große Beschützer»
hält die Herde zusammen
verteidigt gegen Angreifer
treibt Nachzügler
deckt seine Stuten

↘ ↙

Persönlichkeit
Ausstrahlung
Führungsqualitäten
Durchsetzungswille
Intelligenz
Erfahrung

↓

Vertrauen
Gehorsam
Dominanz

«Das Pferd, als eine Gattung mit stark ausgeprägtem Sozialverhalten, verfügt über eine genau festgelegte Hierarchie innerhalb der Gruppe. Diese Rangordnung bildet die Grundlage für die festgelegte soziale Interaktion. Jedes Pferd kennt seine Rolle, und es fühlt sich solange relativ sicher, als diese festumrissen ist, selbst wenn es in der Hierarchie die unterste Stufe einnimmt. Das Herdenleben bietet auch für das machtlose, unterdrückte Tier zumindest den Schutz des Leithengstes und anderer starker Pferde gegen Eindringlinge und Raubtiere.»

(aus «Pferdestudien» von Robert Vavra)

Dies bedeutet, daß das Pferd seine Artgenossen, wie auch uns Menschen, stets in seine Rangordnung einzuordnen versucht. Es gibt demnach nur die Möglichkeit, vom Pferd als ranghöher oder rangniedriger als es selbst eingestuft zu werden. Dieser Umstand hat für unser Zusammensein mit Pferden weitreichende Konsequenzen. Wie oben in der Fluchtsituation beschrieben, orientieren sich Pferde an ihrem Leittier. Ihm folgen sie bedingungslos. Betrachtet ein Pferd nun seine menschliche Bezugsperson als «Leittier», so wird es sich auch ihm vertrauensvoll anschließen. Nimmt der Mensch jedoch im Blickwinkel des Pferdes eine rangniedrigere Stellung ein, wird es seiner eigenen Interpretation der Situation und unter Umständen auch seinem Fluchtimpuls, wie etwa beim Durchgehen eines Pferdes, folgen. Der Mensch wird dann in einer für das Pferd beängstigenden oder unangenehmen Situation von ihm nicht mehr beachtet. Dieser Umstand ist mit Sicherheit Quelle vieler Unfälle mit Pferden.

Daß der Mensch tatsächlich die «Leittierposition» einnehmen kann, erlebte ich vor einiger Zeit mit meinem eigenen Pferd. Ich arbeitete in der Reithalle mit meinem Pferd «Bon Jour» an der Hand. Auf dem anderen Zirkel longierte eine junge Frau ihr Pferd. Das Pferd der Frau ließ sich nur sehr widerwillig longieren und versuchte einige Male, nach außen auszubrechen. «Bon Jour» lief gerade am langen Seil in einem Radius von ca. 6 Metern im Trab um mich herum, als plötzlich der Ball draußen spielender Kinder mit lautem Knall gegen die Plexiglasscheibe der Halle donnerte. Das Pferd der jungen Frau raste in panischem Schrecken los und riß dabei der Frau die Longe aus der Hand. In wilder, unkontrollierter Flucht rannte es quer durch die Halle, die Longe hinter sich herschleifend. In dem Moment, als der laute Knall des Balles zu hören war, zuckte «Bon Jour», so wie ich auch, für einen Moment sichtlich zusammen, machte einen Satz in meine Richtung und schaute mich an. Dort blieb er dann mir zugewandt stehen, völlig ungeachtet der Tatsache, daß sein Artgenosse in wilder Flucht durch die Halle jagte. Er hatte sich ganz offensichtlich an mir orientiert und nicht an seinem flüchtenden Artgenossen.

Wenn wir nun beginnen, uns mit Pferden zu beschäftigen, wird es auch unser Ansporn sein, für das Pferd ein «Leittier» zu verkörpern. Doch was macht in den Augen des Pferdes eine Bezugsperson, egal ob Mensch oder Pferd, zu einem «Leittier»? Mit dieser Frage sind wir schon mitten im Persönlichkeitstraining angelangt, wie Sie gleich sehen werden. Vielleicht können wir aus der Betrachtung der Leittiere einer Pferdeherde Rückschlüsse ziehen, was denn nun den Status eines Herdenmitglieds ausmacht. In einer natürlichen Pferdeherde gibt es zwei Schlüsselpositionen, sozusagen zwei Chefsessel, die ich hier als Archetypen vorstellen möchte.

Die Leitstute

Die Leitstute ist meist ein äußerlich eher unscheinbares Pferd. Ihre Qualitäten liegen nicht unbedingt in Äußerlichkeiten. Sie führt die Herde an, ihr folgen alle ihrem Rang innerhalb der Herde entsprechend nach. Sie weiß wo es langgeht und trägt die Verantwortung über Gedeih oder Verderb der Herde. Sie zeichnet sich aus durch Erfahrung, denn oft ist es schon eine ältere Stute, durch Souveränität, Beständigkeit, Besonnenheit, (Selbst-) Sicherheit, Klarheit und Vertrauenswürdigkeit. Sie dominiert ihre Herdenmitglieder, wo sie ist, ist vorn – und zwar in jeder Hinsicht! Die Leitstute verkörpert das weibliche Prinzip der «großen Mutter». Ihre Nachkommen erben einen ranghohen Status, um allerdings später einmal selbst Leitstute zu werden, bedarf es der Entwicklung einer Vielzahl von Führungsqualitäten.

«Wenn das Fohlen in engem Kontakt mit der Mutter lebt, nimmt es in der Hierarchie der Herde fast immer die der Mutterstute entsprechende Stellung ein. Die Nachkommen von Stuten mit hohem Status scheinen die privilegierte Stellung ihrer Mutter zu erben; auch die Fohlen untergeordneter weiblicher Tiere nehmen im Verhältnis zu ihren Altersgenossen in der Regel einen niedrigeren Rang auf der sozialen Stufenleiter ein. Das Alter spielt dabei ebenso eine Rolle wie vererbte Charakteristika – z.B. Größe, Stärke oder lebhafter, aggressiver Charakter. Für Fohlen niedrigrangiger Stuten schien es manchmal selbst dann unmöglich zu sein, einen höheren Rang als ihre Mutter einzunehmen, wenn sie größer und stärker waren als ihre Altersgenossen.»

(aus «Pferdestudien» von Robert Vavra)

Der Leithengst

Der Leithengst besticht durch Kraft, Stärke, Energie und Durchsetzungswillen, er braucht Mut, um sich seinen Feinden und Rivalen entgegenstellen zu können. Er muß seinen «Stutenharem» oft gegen andere Hengste im Kampf verteidigen. Der Leithengst allein ist berechtigt die Stuten zu decken und so für Nachkommen zu sorgen. Ein Prozeß der natürlichen Auslese, in dem sich nur die Stärksten fortpflanzen können. Der Leithengst beeindruckt durch seine äußere imposante Erscheinung, er strahlt Überlegenheit, Selbstsicherheit und Kraft aus. Er zeigt deutliche Führungsqualitäten und auch ein hohes Maß an Führungsanspruch. Zu seinen Aufgaben gehört

Der Leithengst verkörpert das männliche Prinzip des großen Beschützers.

die Verteidigung der Herde, das Vorantreiben von Nachzüglern und die Gymnastizierung der Junghengste, bis diese schließlich von ihm aus dem Herdenverband ausgeschlossen werden. So beeindruckend Leithengste in der Regel auch sind, sie haben es mit ihrem «Weiberladen» oft nicht leicht und müssen sich nicht selten dem Diktat der Leitstute fügen.

Faktoren der Rangordnung

Was macht nun die Leitstute zur Leitstute und den Leithengst zum Leithengst? Woran erkennen Pferde das? Kann ich als Mensch auf diese Art auch «Leittier» werden?

Der Leithengst erwirbt sich diesen hohen Status in der Regel durch einen siegreichen Kampf über seine Rivalen. Doch Kraft und Kampfgeist allein reichen noch nicht zu einer so elitären Position. Ein «Hau-drauf» muß ja nicht unbedingt ein guter Führer sein, unter dessen Obhut die Herde sicher geführt wird. Wie eingangs erwähnt, ist der Leithengst eine imposante Erscheinung und zwar nicht nur in körperlicher sondern vor allem auch in charakterlicher Hinsicht. Er besticht durch Persönlichkeit, Ausstrahlung, Willenskraft und Durchsetzungsvermögen. Seine Dominanz über jedes einzelne Herdenmitglied ist nicht nur seiner Muskelkraft zuzuschreiben sondern seiner wahrhaftigen inneren Größe. Denn dies ist der Faktor, der das Überleben der Herde sichert. Für das Erkennen der wahren Persönlichkeit und inneren Größe eines Individuums haben die Pferde im Laufe ihrer Entwicklungsgeschichte ein unfehlbares Gespür entwickelt. Dieser feine Sinn für Schein und Sein ist eine Gabe der Pferde, die sie für uns Menschen zu einem meisterhaften Partner in der Lebensschule macht. So wie Pferde diejenigen als ihre «Leittiere» anerkennen, die neben Kraft und Ausdauer auch unbestreitbare Führungsqualitäten besitzen, so werden sie auch uns Menschen dahingehend prüfen und uns fordern.

Die Leitstute besticht ebenfalls durch ihre starke Persönlichkeit und Ausstrahlung. Von ihrer Erfahrung und ihren Führungsqualitäten hängt das Schicksal der Herde ab. Sie muß absolut vertrauenswürdig, besonnen und souverän sein, damit die Herde ihr vertrauensvoll folgen kann.

Ich möchte hier nochmals darauf hinweisen, daß es sich bei meinen Ausführungen um die Beschreibung eines Archetyps handelt, die nicht unbedingt mit den Beobachtungen der wenigen heute noch existierenden wilden Pferdeherden übereinstimmen müssen. Betrachtet man unsere Reitpferde beim gemeinsamen Koppelgang, so ist meist keine eindeutige Herdenstruktur mehr zu erkennen. In der Regel weiden Stuten und Wallache gemeinsam oder nach Geschlechtern getrennt. Hengste werden von den anderen Pferden üblicherweise ferngehalten. Zwar scheint sich beim gemeinsamen Weidegang eine gewisse Rangordnung herauszubilden, doch zerfällt die Pferdeansammlung meist in kleinere Untergruppen und «Individualisten». So konnte ich in einer Pferdegruppe von vier Stuten und vier Wallachen beobachten, daß jeder Wallach eine Stute als Begleiterin hatte, und diese Paare verteilt über die ganze Weide in großen Abständen voneinander grasten. In einer anderen Gruppe mit über 20 Pferden bildete sich ein fester Kern von zwölf Pferden, der von einer älteren Stute angeführt wurde, während sich die anderen Pferde alleine oder in Zweiergruppen über die sehr große Weide verteilten.

Was die Festlegung der Rangordnung betrifft, so möchte ich noch anmerken, daß abgesehen von den Kämpfen der Hengste um den «Stutenharem», die Rangordnung unter den Herdenmitgliedern meist sehr undramatisch festgelegt wird.

Richtiggehend geprügelt wird eigentlich nur auf den «billigen», also rangniedrigen Plätzen. Je höher die Position innerhalb der Herde ist, desto subtiler wird sie festgelegt. In den oberen Rängen entscheidet die natürliche Autorität, die eine kämpferische Auseinandersetzung überflüssig macht. Diese Verhaltensweise konnte ich auch bei den Weidegruppierungen von Reitpferden beobachten. Gemäß den ranghohen Vertretern der Herde sind auch wir Menschen angehalten, durch unsere Persönlichkeit und nicht durch Gewaltanwendung zu bestechen. Denn Gewalt ist in meinen Augen immer Zeichen einer zu wenig entwickelten Persönlichkeit.

Betrachten wir die Eigenschaften, die innerhalb der Herde die Schlüssel zu den Führungspositionen sind, so wird deutlich, daß es sich dabei um Qualitäten handelt, deren Entwicklung in unserem eigenen menschlichen Leben durchaus wünschenswert ist. Die Brücke zum Persönlichkeitstraining mit Pferden ist geschlagen. Pferde mit ihrem feinen Gespür für Echtheit und Wahrhaftigkeit werden nun zu unseren Partnern in der Lebensschule. Im Pferd finden wir einen wundervollen «Persönlichkeitstrainer». Von ihnen werden wir stets ein ehrliches und unmittelbares Feedback darüber erhalten, ob wir tatsächlich

«Leittierqualitäten», das heißt, Führungsqualitäten verkörpern. Einige unter Ihnen fragen sich nun vielleicht, ob nicht etwa die Entwicklung von Führungsqualitäten nur etwas für Manager und Führungskräfte sei. Ich versichere Ihnen, jeder Mensch besitzt zumindest latent diese Führungsqualitäten in unterschiedlichem Umfang und benötigt sie auch. Jede Hausfrau, jede Mutter, jeder Vater, einfach jeder. Denn auch in ganz alltäglichen

Situationen müssen wir oft Führungsqualitäten beweisen. Wie zum Beispiel bei der Kindererziehung, in einer brenzligen Situation am Arbeitsplatz, bei der Betreuung unserer Haustiere oder ganz einfach bei unserer eigenen Lebensplanung und -gestaltung. Die meisten Menschen sind sich dieser Eigenschaften nur nicht bewußt oder können sich überhaupt nicht vorstellen, daß sie diese tatsächlich besitzen, und lassen so ihr Potential weitgehend ungenutzt. Statt klar und souverän geführt, wird dann oft gegängelt, manipuliert, unter Druck gesetzt und gestraft. Führungsqualitäten entwickeln bedeutet viel mehr als nur Karriere zu machen, möglichst viele Untergebene zu haben oder über andere Macht zu besitzen. Zu den Führungsqualitäten zählen eine ausgereifte Persönlichkeit, Klarheit, Sicherheit, Souveränität, Aufrichtigkeit, Integrität und vieles mehr.

Kommunikationsmittel der Pferde

Die Sprache der Pferde ist im Wesentlichen die Körpersprache. Lautäußerungen haben einen untergeordneten Stellenwert. Die Körpersprache beherrschen Pferde dafür meisterhaft. Die kleinsten Signale, vielleicht nur eine minimale Drehung der Ohren, sind bereits eine unmißverständliche Botschaft. Sie tauschen sich aus, indem sie bestimmte Positionen zueinander einnehmen, ihre Körperhaltung verändern oder durch Mimik und Gestik sich selbst darstellen und ihre Absichten kundtun. An ihrem körperlichen Ausdruck ist klar und eindeutig ablesbar, was sich auf emotionaler Ebene in dem Pferd abspielt. Sein Körper spiegelt klar seine Gefühlswelt wider. Ein phantastischer Zustand, wenn wir hier den Vergleich zu uns Menschen ziehen. Wir Menschen verfügen wie die Pferde über ein großes Repertoire an körpersprachlichen Ausdrucksformen. Die Körpersprache ist ja auch unsere ursprünglichste, denken Sie nur mal an einen Säugling und seine Mutter. Hier funktioniert die nonverbale Kommunikation noch sehr gut, denn der körperliche Ausdruck und die Absicht, die dahinter steht, stimmen überein. Später wird unsere Körpersprache widersprüchlicher. Wir drükken mit unserem Körper etwas aus, das im Widerspruch zu unserer verbalen Aussage oder unserer Gesinnung steht. Möglicherweise weil wir das, was wir wirklich empfinden, nicht zulassen können oder dürfen. So schütteln sich zum Beispiel zwei Menschen höflich die Hände, lächeln sich an (weil es sich so gehört), obwohl sie einander feindselig gesinnt sind. Unbewußt nehmen wir diese Diskrepanz auch wahr, bewußt befinden wir uns dann in einem Dilemma, denn welchem Sinn sollen wir mehr vertrauen, der Botschaft unseres Unterbewußtseins, unserer Intuition, oder unserem Verstand, der auf das gesprochene Wort baut? Durch die Unstimmigkeit von Ausdruck und Absicht spalten wir uns in ein Innen und Außen ab. Unsere Persönlichkeit verliert an Klarheit und Eindeutigkeit. Im Umgang mit Pferden müssen wir wieder lernen, zu einer besseren Übereinstimmung von Absicht und körperlichem Ausdruck zu finden, denn Pferde sind Meister der Körpersprache und entlarven uns sofort in unserer Widersprüchlichkeit.

Caroline und ihr Pferd «Dry´n High». Auf dem linken Bild ist Caroline noch unentschlossen. Ihr Kopf ist zur Seite geneigt, die Hände sind in den Hosentaschen. «Dry´n high» entspricht Carolines Ausdruck. Sein Kopf ist gesenkt, die Ohren sind unkoordiniert zur Seite geklappt. Nun verändert Caroline ihren körperlichen Ausdruck (rechtes Foto), richtet sich auf und sofort ist «Dry´n Highs» Interesse geweckt.

Besondere Fähigkeiten der Pferde

Das Pferd lebt im Hier und Jetzt. Es agiert und reagiert stets situationsgebunden ohne Erwägung der Folgen in der Zukunft. Es ist sich seines Verhaltens in jedem Augenblick bewußt. Die Vergangenheit hat nur dann Bedeutung, wenn sie bestimmte Lern- und Erfahrungsprozesse enthielt, die das Verhalten des Pferdes prägten. Seine ganze Aufmerksamkeit gilt der Gegenwart. Jede Bewegung ist Ausdruck seines Seins, seiner Persönlichkeit, seiner Absichten und Gefühle. Äußerer Ausdruck und innere Absicht sind kongruent. Für diese Kongruenz hat das Pferd ein sehr feines Gespür. Ein Wesen, das Wahrhaftigkeit verkörpert, ist auch in der Lage, bei anderen zwischen Sein und Schein sehr klar zu unterscheiden. In der Begegnung mit Pferden werden Sie das sehr schnell am eigenen Leib erfahren. Einer echten Pferdepersönlichkeit kann man kein X für ein U vormachen.

«Ein leibhaftiges Pferd neben dir ist wie ein starker, guter Freund.»

AUS «DIE BOTSCHAFT DER PFERDE»
VON K. F. HEMPFLING

BEGEGNUNG VON MENSCH UND PFERD

Kontaktaufnahme mit Pferden 32

Beziehung zwischen Mensch und Pferd 38

Integration 45

Kontaktaufnahme mit Pferden

Suchen wir den Kontakt mit Pferden, so müssen wir uns unserer ursprünglichen Kommunikationsform, der Körpersprache erinnern. Es wäre von uns Menschen sehr vermessen, würden wir von den Pferden verlangen, unsere Sprache zu verstehen und sie richtig zu interpretieren. Nein, wir werden uns auf einen anderen Weg begeben, wir werden lernen, uns in der Sprache der Pferde auszudrücken.

Wenn Sie ein eigenes Pferd haben oder sich Pferde in Ihrer Nachbarschaft befinden, prima, sollten Sie in Ihrer Nähe kein Pferd haben, so besuchen Sie, wenn Sie Lust dazu haben, Pferde doch im nächstgelegenen Zoo. Beobachten Sie die Pferde aus der Distanz, achten Sie auf ihren Gesichtsausdruck, ihre Gestik und Mimik. Versuchen Sie sich in die Absichten und Gefühle des Pferdes hineinzufühlen. Beobachten Sie zum Beispiel sein Ohrenspiel. Wie geht es mit anderen Pferden um? Wie nähert es sich Menschen?

Vorsichtig nimmt das Pferd mit seiner weichen Nase Kontakt auf. Achtsam sollte man dennoch sein, denn dem vorsichtigen Beschnuppern folgt manchmal ein keckes, aufforderndes Zwicken.

Wenn Sie die Möglichkeit haben, sich dem Pferd anzunähern, versuchen Sie mit ihm in Kontakt zu treten. Beachten Sie bitte, daß Pferde unter Umständen beißen oder nach Ihnen ausschlagen können und fragen Sie den Besitzer, ob er mit Ihrer Annäherung an sein Pferd einverstanden ist.

Nach seiner ersten Begegnung mit einen Pferd fragte ich ein kleines Mädchen, was ihr am besten gefallen habe. Sie antwortete sofort und ohne zögern: «Seine weiche freundliche Nase hat mir am besten gefallen.»

Offensichtlich war die erste Kontaktaufnahme zwischen den beiden geglückt, und sie hatten sich Nase an Nase ausgetauscht.

Manchmal funktioniert die Kontaktaufnahme auch nicht so gut. Ich beobachtete eine junge Frau, wie sie versuchte, am Koppelzaun ein Pferd anzulocken. Neugierig und sehr vorsichtig näherte sich ihr eine ältere Stute. Die Frau hielt der Stute einen Grasbüschel vor die Nase, zog diesen aber weg, sobald die Stute danach schnappte. Die Stute trat näher an den Koppelzaun heran. Als das Pferd dicht bei der jungen Frau stand, faßte die Dame das Pferd am Halfter und hielt es fest. Unwillig befreite sich die Stute und schritt, ohne sich noch einmal nach dem Grasbüschel oder der Dame umzusehen, von dannen.

Auch in der Beziehung zu Menschen bleibt das Pferd immer geradlinig und eindeutig. Es nimmt Streicheleinheiten und Nähe an, wenn sie situativ und persönlich stimmig sind. Ist dies nicht der Fall, grenzt es sich sofort ab.

Pferde haben auch ein feines Gespür für unsere tatsächliche Gefühlslage. Ich hatte vor einigen Jahren zwei Reitschülerinnen, beide im Alter von zwölf Jahren. Sandra gehörte das Pony, ein Geschenk ihres Vaters, Sabine war die Reitbeteiligung. Ich hatte den Eindruck, daß Sandra nicht aus eigenem Antrieb reiten lernen wollte, und sie zeigte auch wenig «Herz» für ihr Pony. Ganz im Gegensatz zu Sabine, die völlig aufging im Reiten und in ihrer Zuneigung für das kleine Pferd. Als es darum ging, das Pony zum Satteln aus seiner Box zu führen, machte Sandra die Boxtüre auf und streckte dem Pony eine Karotte entgegen. Das Pferd drehte ihr sein Hinterteil zu und legte drohend die Ohren an. Eine eindeutige Absage an seine Besitzerin. Da betrat Sabine den Schauplatz, rief zärtlich den Namen des Ponys, lachte, und man konnte die Freude und Begeisterung dieses Mädchens heraushören. Das Pony hob den Kopf, drehte sich herum und ließ sich von Sabine anstandslos aus der Box führen.

Das Pferd reagiert nicht nur auf einen durch eine Karotte verlockenden, bewußten Versuch zur Kontaktaufnahme, sondern es reagiert auch auf unbewußte Gefühle und Absichten des Menschen. Es spiegelt die unbewußten Gemütszustände seines Gegenübers wider. Das Pony fühlte die ablehnende Haltung seiner Besitzerin, und dies konnte auch eine vorgehaltene Karotte nicht wettmachen.

Erhalten wir bei dem Versuch der Kontaktaufnahme zu einem Pferd einen eindeutigen Korb, war etwas an uns nicht stimmig, oder die Situation ungünstig, wie etwa, wenn der Stallmeister gerade mit dem Futterwagen kommt. Glückt hingegen der Kontakt zum Pferd, so verhielten wir uns in dem Moment offensichtlich authentisch, unsere freundliche Gesinnung und unser körperlicher Ausdruck waren kongruent. Vom Pferd bekommen wir stets ein ehrliches Feedback. Es zeigt, wie es uns wahrnimmt, was wir nach außen hin ausdrücken, ohne uns deswegen zu kritisieren. Wenn unsere Motivation groß genug ist, wird das Pferd in uns eine Veränderung bewirken: Stück für Stück werden wir wieder lernen, uns auf allen Ebenen klar und eindeutig auszudrücken. Das Pferd ist ein Lehrmeister, der uns zwar korrigiert, aber nicht kritisiert. Es bleibt ohne jegliche moralische Wertung.

Schon in der ersten Begegnung prüft uns das Pferd, ob unsere Gefühle, unsere Absichten, unser Tun und unsere Körpersprache übereinstimmen, das heißt, stimmig sind. Man könnte sagen, es fordert von uns unter anderem Klarheit, Authentizität und Kongruenz.

Suchen Sie sich einen Ort, an dem Sie für ca. 15 Minuten ungestört sind. Wenn Sie möchten, legen Sie sich eine flotte Musik auf.

Übung: Körpersprache

Laufen Sie nun ein paar Runden im Kreis. Beobachten Sie Ihren Gang. Gehen Sie schnell oder langsam, locker oder gespannt? Ist Ihr Oberkörper aufgerichtet oder vornübergebeugt? Passen Ihre Armbewegungen zu Ihrem Gang? Atmen Sie langsam, gleichmäßig und ruhig. Versuchen Sie Ihren Atemrhythmus zu finden. Zum Beispiel vier Schritte einatmen, drei Schritte ausatmen. Wenn Sie Ihren Atemrhythmus gefunden haben, stellen Sie sich vor, Ihre Beine seien das Pendel einer Uhr. Gleichmäßig schwingen sie vor und zurück. Ganz locker aus Ihren Hüftgelenken heraus. Richten Sie Ihren Oberkörper aus dem Becken heraus gerade auf und lassen Sie Ihre Schultern leicht nach rückwärts-abwärts fallen. Ihre Arme hängen locker herunter. Wechseln Sie nach ein paar Runden Ihre Laufrichtung. Wenn Sie mit Ihrem leicht veränderten Gangbild zurechtkommen, bleiben Sie stehen, schließen Sie die Augen und fühlen Sie nach innen. Wie fühlen Sie sich? Hat sich Ihre Stimmung verändert? Hat sich Ihr Körpergefühl verändert? Wie ist jetzt Ihr Atem? Tiefer? Freier?

Nun, dann kann das Spiel beginnen. Marschieren Sie wieder im Kreis. Stellen Sie sich nun vor, Sie seien ein Hengst, der

einem Rivalen imponieren will. Präsentieren Sie sich, werfen Sie sich in Pose, demonstrieren Sie Ihre Kraft, Wildheit und Stärke. Imponiergehabe und Drohgebärden sind Ihre Ausdrucksformen. Lachen Sie ruhig, wenn Sie sich anfangs lächerlich vorkommen – es sieht Sie ja keiner. Lassen Sie das Gefühl von Selbstsicherheit und Überlegenheit in sich aufsteigen und drükken Sie es mit Ihrem Körper aus.

Nun stellen Sie sich vor, Sie seien eine Stute, die ihr Fohlen auffordert, ihr durch einen Bach zu folgen. Das Fohlen fürchtet sich vor dem Wasser, und Sie als seine Mutterstute wollen ihm nun zeigen, daß es ihnen vertrauensvoll folgen kann. Locken Sie mit allen Ihnen zur Verfügung stehenden Mitteln, strahlen Sie wie die Leitstute Klarheit, Vertrauenswürdigkeit, Liebe und Bestimmtheit aus.

Welche Darstellung dieser beiden Charaktere, der Hengst mit Imponiergehabe oder die vertrauenswürdige Mutterstute, ist Ihnen leichter gefallen? Die weibliche oder die männliche Rolle? Welche Position hat Ihnen mehr Spaß gemacht? Vielleicht die, die in Ihrem Alltag eher selten vorkommt? Beobachten Sie künftig Ihren körperlichen Ausdruck genauer. Drücken Sie aus, was in Ihnen tatsächlich vorgeht oder besteht eine Diskrepanz? Verfeinern Sie auf diese Weise Ihre Körpersprache und Ihre Wahrnehmung.

Beziehung zwischen Mensch und Pferd

Jede gesunde Beziehung setzt eines voraus: ein angemessenes Verhältnis von Nähe und Distanz. Das bedeutet, die Fähigkeit zu besitzen, Nähe zuzulassen ohne im Gefühlsstrom unterzugehen, sich klar abgrenzen zu können ohne dabei zu vereinsamen und nicht zuletzt der Verzicht auf Manipulation durch moralischen Druck. In Beziehungen zwischen Menschen ist das oft sehr schwer zu verwirklichen. Oft verstricken wir uns in Abhängigkeitsverhältnisse, werden von unserem Gegenüber und unseren eigenen Gefühlen von Furcht und Schuld manipuliert. Es entstehen symbiotische Verschmelzungen, in denen wir Menschen andere vereinnahmen oder von ihnen vereinnahmt werden. Im anderen Extrem werden Beziehungen vermieden aus Angst vor einer derartig vereinnahmenden Nähe.

Erkennen Sie Ihr eigenes Beziehungsprofil

Ich möchte Sie zu einem kleinen Beziehungsspiel einladen. Was Kontakte und Beziehungen zu anderen, Menschen oder Tieren, angeht, so haben wir bevorzugte Strategien, bestimmte Einstellungen und Verhaltensweisen. Oft sind wir uns dessen gar nicht bewußt. Die nachfolgende Tabelle beinhaltet eine Reihe möglicher typischer Verhaltensweisen im Bezug auf Beziehungen. Sie erhebt keinen Anspruch auf Vollständigkeit. Wenn Ihnen weitere charakteristische Punkte einfallen, so ergänzen Sie die Tabelle bitte entsprechend.

Zu welcher Position fühlen Sie sich eher hingezogen?

Nähe	++	+	o	+	++	Distanz
Ich bin sehr kontaktfreudig.						*Es fällt mir schwer, neue Kontakte zu knüpfen.*
Ich liebe Gesellschaft.						*Ich bin am liebsten alleine.*
Ich habe einen großen Bekanntenkreis.						*Mein Bekanntenkreis beschränkt sich auf wenige gute Freunde.*
Ich gebe gerne Partys und ich gehe auch gerne dort hin.						*Am liebsten bleibe ich alleine zu Hause und habe meine Ruhe.*
Große Menschenmengen bringen mich in Hochstimmung.						*Ich fühle mich in Menschenmengen sehr unwohl.*
Meine Freunde umarme ich gerne zur Begrüßung.						*Umarmungen auch unter Freunden sind mir eher unangenehm.*
Ich sehne mich nach Nähe.						*Nähe ängstigt mich.*

Nähe	++	+	o	+	++	Distanz
Ich neige dazu, andere zu vereinnahmen.	○	○	○	○	○	*Ich habe Angst, von anderen vereinnahmt zu werden.*
Wenn ich ein Problem habe, spreche ich mit einem Freund darüber.	○	○	○	○	○	*Meine Probleme behalte ich immer für mich und löse sie alleine.*
Wenn ich Hilfe brauche, bitte ich jemanden darum.	○	○	○	○	○	*Ich versuche alles im Alleingang zu machen.*
Beziehungen bedeuten für mich Nähe und Geborgenheit.	○	○	○	○	○	*Beziehungen bedeuten für mich Identitätsverlust und Abhängigkeit.*
Manchmal übe ich auf andere Druck aus.	○	○	○	○	○	*Ich lasse mir leicht Schuldgefühle einreden.*
Ich bin sehr eifersüchtig.	○	○	○	○	○	*Ich bin fast nie eifersüchtig.*
Ich fühle mich nur mit ständigen Liebesbeweisen geliebt.	○	○	○	○	○	*Ich vertraue auf die Zuneigung meines Partners, auch ohne Beweise.*
Um mich geliebt zu fühlen brauche ich ständige Aufmerksamkeit.	○	○	○	○	○	*Ich fühle mich auch ohne ständige Aufmerksamkeit geliebt.*
Ich fühle mich geliebt, wenn ich das Gefühl habe gebraucht zu werden.	○	○	○	○	○	*Ich genieße es, nicht gebraucht zu werden.*
Ich liebe meinen Partner besonders wenn er hilfsbedürftig ist.	○	○	○	○	○	*Ich liebe meinen Partner besonders wenn er eigenständig ist.*

Neigen Sie eher zu Nähe oder Distanz, oder bewegen Sie sich meist zwischen den beiden Polen? Diese kleine Gegenüberstellung ist sicher nicht repräsentativ, aber vielleicht konnte Sie Ihnen doch einige Hinweise über sich selbst geben.

Leittierqualitäten des Menschen

In der Begegnung mit Pferden werden Sie sehr bald merken, daß das Verharren auf einem der beiden Extreme eine Beziehung unmöglich macht. Versuchen Sie das Pferd zu vereinnahmen, wird es sich abwenden, bleiben Sie hingegen sehr distanziert, verliert es nach einer gewissen Zeit das Interesse an Ihnen. Pferde erziehen uns zu Ausgewogenheit, zu freien, offenen Beziehungen ohne Manipulation und Vereinnahmung.

Durch die Beziehung zu Pferden können wir lernen, zu einem gesunden Verhältnis von Nähe und Distanz zurückzufinden. Pferde sind geistig freie Wesen. Sie gehen gerne Beziehungen zu Menschen ein, können sich aber auch abgrenzen. Im Vergleich zu Hunden fällt auf, daß sie nie eine dauerhaft devote, sich anbiedernde Haltung einnehmen. Hunde besitzen den Ruf, ewig treue Gefährten des Menschen zu sein. Selbst wenn es ihnen bei ihrem Besitzer schlecht geht, sind sie ihm dennoch treu ergeben. Pferde verhalten sich anders. Ein Pferd fühlt sich zu demjenigen hingezogen, egal ob Mensch oder Pferd, der es dominiert, das heißt, der in seinen Augen eine ranghöhere Position einnimmt, Selbstsicherheit, Klarheit, Authentizität, Gelassenheit und Bestimmtheit ausdrückt. Das Pferd bleibt dabei jedoch immer ein freies, autarkes Wesen. Ist die Beziehung für das Pferd nicht mehr stimmig, wendet es sich auch von vertrauten Personen oder Artgenossen wieder ab. Sie werden nun sicher einwenden, wie es sich denn mit den Pferden verhält, die offensichtlich für Futter nahezu alles tun. Die zum Beispiel begeistert auf der Koppel zu ihrer Bezugsperson laufen, sofern die Tüte mit den Leckereien bereits sichtbar ist. Mit Futter oder anderer Belohnung kann man ein Pferd konditionieren und dressieren, niemals jedoch dominieren. Der Unterschied liegt darin, daß bei einer Dressur oder Konditionierung das Pferd den Sinn des von ihm abverlangten Verhaltens zwar nicht unbedingt versteht, jedoch begriffen hat, daß es die Belohnung immer dann erhält, wenn es das in seinen Augen vielleicht völlig unsinnige Verhalten an den Tag legt. Mit der Beziehung zu dem Menschen, der es konditioniert hat, hat das Verhalten aber wenig zu tun. Auch wenn das Pferd brav für eine Karotte seinen Diener macht, so kann es im nächsten Moment scheuen, dabei seinem Fluchtimpuls nachgeben und rücksichtslos seinen Besitzer umrennen. Gute Pferdetrainer verbinden stets Dominanz und Dressur. Das faszinierende Produkt dieser Verbindung dürfen wir dann bei den wahren Meistern der Hohen Schule bewundern.

Ein Pferd zu dominieren erfordert weit mehr als eine Konditionierung von Verhaltensweisen nach dem Prinzip von Lob oder Strafe, es erfordert die Verkörperung der «Leittierqualitäten».

Das Pferd wird nicht gewaltsam unterworfen, sondern schließt sich freiwillig dem Wesen an, in dem es die Eigenschaften der Leitstute bzw. des Leithengstes verkörpert sieht.

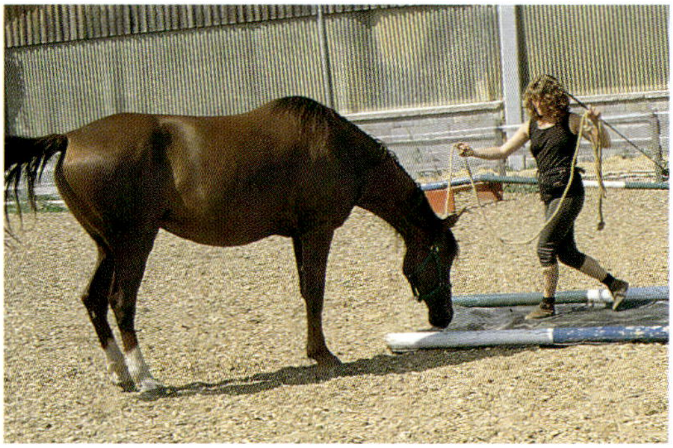

Wenn Sie ein Pferd wären, welcher der beiden «zweibeinigen Leitstuten» würden Sie mehr Vertrauen schenken?

In einer derartigen Beziehung bleiben Pferd und Mensch immer freie, autarke Partner. Sie basiert auf Freiheit, Klarheit, Vertrauen, Freundschaft und Dominanz. Dominanz ist auch nicht etwa ein Status, der einmal erworben für immer Gültigkeit besitzt. Dominanz wird sehr subtil immer wieder von neuem auf die Probe gestellt und bestätigt und führt so zu einer immer klareren und innigeren Beziehung zwischen Mensch und Pferd. Es folgt aus freiem Antrieb, auch ohne Belohnung, seinem «Leittier», sucht seine Nähe, achtet auf jede seiner Bewegungen und steht so in ständigem Dialog mit seiner Bezugsperson.

Sie werden nun sicher fragen, wie man denn nun ein Pferd dominiert. Meiner Erfahrung nach basiert Dominanz auf drei Säulen:

- Übernahme der Körpersprache der Pferde und Kopieren einiger wichtiger Herdenrituale
- Entfaltung der Persönlichkeit des Menschen hin zu Klarheit, Wahrhaftigkeit, Freiheit, Gelassenheit und Präsenz
- Bereitschaft, den Pferden zuzuhören, ihr Feedback ernst zu nehmen, sowie Fähigkeit zu Selbstkritik.

Diese drei Säulen betrachte ich als gleichwertig in ihrer Wichtigkeit; sie unterstützen sich gegenseitig. Fehlt ein Element, stürzt damit das ganze Gebäude, die Dominanz, in sich zusammen.

Erkennt das Pferd im Menschen nun sein «Leittier», so ist der Weg frei zur Freundschaft, denn ohne Dominanz ist Freundschaft mit Pferden eine Gratwanderung. In ihrem natürlichen sozialen Umfeld, der Herde, beanspruchen Pferde eine große «Intimsphäre» um sich herum, sie umfaßt einige Meter Radius. Verletzt nun ein Herdenmitglied die «Intimsphäre» eines anderen, so gibt es in der Regel drei Möglichkeiten: Handelt es sich bei dem Eindringling um ein rangniedrigeres Tier, so wird diesem mit einer Drohgebärde unterschiedlichen Ausmaßes signalisiert, daß es sofort wieder Abstand zu nehmen hat. Dringt ein ranghöheres Tier in die «Intimsphäre» ein, räumt der Rangniedrigere das Feld und weicht dem Überlegenen aus. Die dritte Möglichkeit besteht darin, daß die beiden Pferde befreundet sind, meist stehen sie im Rang dicht beieinander, dann signalisieren sie sich gegenseitig, daß Nähe nun erwünscht ist und beginnen dann zum Beispiel mit sozialer Fellpflege oder spielerischer Auseinandersetzung. Wichtig ist jedoch, daß der «Eindringling» signalisiert, daß er sich freundschaftlich annähern möchte, und sein Gegenüber ihn mit einer Geste wissen läßt, daß er «eingeladen» ist.

Es hängt also davon ab, ob Sie als Mensch ranghöher oder rangniedriger erachtet werden, ob das Pferd Ihre Annäherung akzeptiert und vielleicht auch begrüßt, oder ob es Ihre Annäherung als Zumutung empfindet, die man mit einer leisen Drohgebärde bis hin zu Angriff, Beißen und Schlagen beantworten sollte. Freundschaft setzt demnach Dominanz voraus. Unsere Reitpferde sind meist so erzogen worden, daß sie Menschen in der Regel freundlich begegnen. Handelt es sich um eher «natur-

Die drei Haflingerhengste haben sich erst mal für Annäherung entschieden, um dann mit lautstarkem Imponiergehabe die Muskeln spielen zu lassen.

belassene» Pferde, so sollten Sie bei Ihren Annäherungsversuchen die Pferde gut beobachten und ihre «Intimsphäre» respektieren. Im Gegensatz zu den «naturbelassenen» Pferden, deren Drohgebärden, wie eng an den Kopf zurückgelegte Ohren, gebleckte Zähne, Augenrollen oder schlingernde Bewegungen von Hals und Kopf, den Widerwillen gegen eine Annäherung eines «rangniedrigen» Menschen noch sehr deutlich zeigen, erkennt man bei den oft schon sehr angepaßten Reitpferden ihren Mißmut oft nur am Gesichtsausdruck. Das kann zum Beispiel ein mißfallendes Nüsternkräuseln sein, ein unwilliges, hartes, angespanntes Kinn, ein nach innen gekehrter Blick, leicht zurückgelegte, eine leise Drohung andeutende Ohren oder ein «angewidertes» Abwenden des Kopfes. Betrachtet demnach ein Pferd Sie als ranghöher, wird es Ihre Annäherung, Streicheln, Striegeln und Massieren weit mehr genießen. Pferde sind da eigentlich wie wir Menschen. Wir lassen uns auch nicht gerne von jedem befummeln, oder?

Vor einigen Jahren kam eine Hufpflegerin zu uns in den Stall, um die Hufe eines Rappwallachs zuzurichten. Die junge Frau wirkte auf mich recht patent, unkompliziert und freundlich. Der Wallach galt als brav und schmiedefromm. Dann geschah etwas Unglaubliches. Die Hufpflegerin hatte wohl davon gehört, daß Pferde es genießen, wenn man mit Fingern ihr Zahnfleisch massiert. Um dem Pferd etwas Gutes zu tun und einen persönlichen Kontakt herzustellen, ging sie forschen Schrittes auf ihn zu, packte mit einer Hand sein Halfter und faßte mit der freien Hand in sein Maul und begann mit den Fingern sein Zahnfleisch zu massieren. Der Rappe erstarrte augenblicklich. Er riß den Kopf hoch und versuchte der massierenden Hand zu entgehen. Mit dem Kopf so weit oben wie es der Anbindestrick erlaubte und völlig verkrampft stand er da wie ein Sägebock. Die Dame ließ schließlich von ihm ab, und die Situation entspannte sich wieder. Er war gründlich verstimmt und weigerte sich anschließend, ihr die Hufe zu geben.

Auch wenn es von der Hufpflegerin gut gemeint war, so bedarf es schon einer echten Vertrauensbeziehung, bevor ein Pferd derartige Intimitäten genießen kann. Der Wallach muß sich wohl so gefühlt haben wie wir Menschen, wenn ein Fremder uns plötzlich zwischen die Beine faßt. Basiert hingegen die Beziehung zum Pferd auf Dominanz und Freundschaft, werden die meisten Pferde diese Art der Massage zu schätzen wissen.

Integration

Betrachtet man das Pferd als Brücke zwischen Mensch und Natur, so kann es uns helfen, uns unserer eigenen Natur, der wir so sehr entfremdet sind, ein Stück näher zu kommen, damit Wahrheiten und Erkenntnisse des Lebens wieder zu uns durchdringen können. Gleichartigkeit und Andersartigkeit sind dabei die Reibungs- und Ergänzungsflächen unserer Beziehung zueinander. Durch die Pferde haben wir die Möglichkeit, verdrängte, abgespaltete und verleugnete Wesenselemente, die jedoch zu unserer wahren Natur gehören, wieder in unser Bewußtsein zu integrieren. So können wir uns wieder als Ganzes erleben.

Integration von Anima und Animus

Der Mensch, egal ob Mann oder Frau, trägt beide Wesensanlagen in sich, die weibliche wie die männliche. In der Psychologie nach C.G. Jung spricht man dabei von der «Anima», das Seelenbild der Frau im Unbewußten des Mannes und vom «Animus», dem Seelenbild des Mannes im Unbewußten der Frau. Man geht nun davon aus, daß der Mensch sich dann als vollständiges Ganzes erlebt, wenn er seine gegengeschlechtliche Anlage, sprich Animus oder Anima, integriert hat. In der Begegnung mit Pferden haben wir eine wunderbare Möglichkeit, beide Seelenanlagen zu einem harmonischen Ganzen zu fügen. Wie Sie sich sicher erinnern werden, haben wir auf der einen Seite den Archetyp der Leitstute, der «großen Mutter», auf der anderen Seite den Archetyp des Leithengstes, des «großen Beschützers». Die Leitstute als Sinnbild des Urweiblichen, den Leithengst als Sinnbild des Urmännlichen. Dem Pferd gegenüber werden wir diese beiden Leitbilder vereinen und gemeinsam verkörpern. Wir werden sozusagen Leitstute und Leithengst gleichermaßen. Wir verkörpern dann eine umfassende Führungspersönlichkeit. Dazu bedarf es der Verbindung von weiblichen und männlichen Eigenschaften.

Ein vierbeiniger Charmeur bei der Eroberung einer neuen Geliebten, die sich noch etwas prüde gibt.

Betrachten wir nochmal die Führungsaufgaben von Leitstute und Leithengst:

Die Leitstute führt die Herde an, strahlt Vertrauen, Sicherheit, Fürsorglichkeit und Geborgenheit aus. Der Leithengst verteidigt die Herde gegen Angreifer und muß sich gegen die Konkurrenz behaupten. Er verkörpert Macht, Kraft, Energie, Mut, Wildheit, Durchsetzungswillen und Führungsanspruch. Beide sind starke Persönlichkeiten, haben eine beeindruckende Ausstrahlung und einen unbeugsamen Willen. Sie dienen der Herde und verkörpern neben den bereits genannten Eigenschaften auch Selbstlosigkeit und Demut.

Können Sie sich vorstellen, einem Pferd mutig und entschlossen wie ein Leithengst entgegenzutreten, es wie einen Nachzügler wieder zur Herde zurückzutreiben und das Pferd sich Ihnen einen Moment später vertrauensvoll anschließt und Ihnen überallhin folgt, wie einer Leitstute? Sie meinen, so was gibt es nur im Kino? Weit gefehlt! Auch Sie können das erleben, wenn Sie bereit sind, an sich selbst zu arbeiten und Ihre eigenen Führungsqualitäten zu entwickeln. Das Pferd wird immer der Prüfstein Ihrer Entwicklung sein. Wenn das Pferd Ihnen glaubt und vertraut, dann sind Sie in Ihrer Persönlichkeitsentwicklung einen guten Schritt vorangekommen.

Integration archaischer Eigenschaften

In unserer kleinen Traumreise ganz zu Beginn des Buches wurden wir bereits mit der Symbolhaftigkeit der Pferde konfrontiert. Wie kein anderes Wesen verkörpert es eine Vielzahl archaischer Eigenschaften. Wie etwa Demut, Mut, Ehrfurcht, Wahrhaftigkeit, Aufrichtigkeit, Stolz usw. In unseren Ohren mögen diese Begriffe wohl schon etwas altmodisch und fremd klingen. Früher bezeichnete man diese Eigenschaften auch als Tugenden, und sie galten als äußerst erstrebenswert. Diese Begrifflichkeiten haben in unserem heutigen Bewußtsein meist den aktuellen Bezug verloren, und so steigt aus den Tiefen unseres Unterbewußtseins nur noch eine leise Ahnung auf. In jedem von uns sind allerdings diese archaischen Eigenschaften noch immer verankert, vielleicht nicht mehr ganz präsent, aber nicht verloren, sondern nur unter mehr oder weniger dicken Staubschichten verschollen. Auch haben diese archaischen Eigenschaften oder Tugenden heute kaum mehr Bezug zu unserem Selbstbild, dem Bild, das wir von uns selbst haben. Oder haben Sie sich schon mal über Ihre Wahrhaftigkeit Gedanken gemacht? Oder wie steht es mit dem Begriff «Demut»? Können Sie beschreiben, was damit gemeint ist? Wir haben demnach Lücken in unserem modernen Selbstbild – mit den Pferden können wir sie wieder schließen. Pferde verkörpern noch diese archaischen, «altmodischen» Eigenschaften, und durch sie können wir zu diesen Tugenden wieder einen aktuellen Bezug finden. Pferde leben es uns vor, was Wahrhaftigkeit, Demut, Stolz und Mut bedeuten. Pferde prüfen uns auf unsere Wahrhaftigkeit, durchschauen Sein und Schein. Sie lehren uns zu dienen und das zu tun, was im Sinne der Gemeinschaft ist. Sie zeigen uns, wie wichtig es ist, den Mut zu sich selbst zu haben, sich selbst auszudrücken und in jedem Moment präsent zu sein im Hier und Jetzt. Dies alles sind Elemente, die zu dem Glück gehören, nach dem wir auf dem Rücken der Pferde suchen.

Integration des Animalischen

Wie auf dem Foto rechts zu sehen ist, können Pferde auch unbändige Wildheit verkörpern und werden so zum Symbol für das Animalische, das Triebhafte. Durch unsere gesellschaftlichen Normen, unsere Erziehung und Ethik, haben wir gelernt, unsere triebhafte Seite zu beherrschen, zu verdrängen oder zu leugnen. Da das Animalische aber auch Teil unserer Persönlichkeit und unserer menschlichen Natur ist, führen Unterdrückung und Leugnung oft zu seelischen Konflikten, dem Gefühl tiefer Unzufriedenheit und einem Gefühl des Abgetrenntseins vom Leben. Wäre es nicht auch möglich, das «Tier» in uns zu zähmen und zu integrieren? In Bezug auf Pferde möchte ich Ihnen zwei Wege vorstellen.

Können Sie sich an die Sagen der alten Griechen erinnern? An die darin vorkommenden Fabelwesen? Eines davon ist der Zentaur, ein Wesen halb Mensch, halb Pferd. Er hat den Rumpf eines Pferdes, den Oberkörper, die Arme und den Kopf eines Menschen. Der Zentaur symbolisiert die Ursymbiose von Mensch und Pferd. Er verbindet das Animalische des Pferdes

mit dem Intellekt des Menschen. Es ist eine untrennbare Verschmelzung, denn kein Teil kann ohne den anderen existieren. Die Zentauren der griechischen Sagenwelt galten als wild und kriegerisch. Sie ernährten sich von rohem Fleisch und waren sehr gefürchtet. Von einigen freundlichen Zentauren, wie zum Beispiel dem Chiron, abgesehen, wurden sie von ihrer animalischen Seite regiert. Der Weg des Zentauren erscheint mir daher wohl kein passabler Weg für uns zivilisierte Menschen zu sein.

Versuchen wir es mit einem anderen Beziehungsmodell von Mensch und Pferd, dem Reiter.

Haben Sie schon einmal einen Reiter mit seinem Pferd in vollendeter Harmonie beobachtet? Ich denke dabei nicht unbedingt an eine Dressurprüfung auf einem Turnier, sondern an eine Verbindung von Mensch und Pferd, völlig frei von Ehrgeiz, Perfektionismus und Erfolgsstreben, dafür aber erfüllt von Harmonie, Eleganz, perfekter Kommunikation, Ästhetik und Hingabe. Es ist wie ein Tanz von Geben und Nehmen, spielerisch und leicht bewegen sich Mensch und Pferd um ihr gemeinsames Zentrum und bilden so ein neues Ganzes. Beide Partner bleiben dabei autark und können weiterhin auch getrennt voneinander existieren. Das Pferd, das Animalische, wird durch Kommunikation und Hingabe gezähmt und zu einem

Ganzen integriert. Dieser Zusammenschluß ermöglicht es beiden Partnern, über ihre individuellen Grenzen hinauszuwachsen und etwas zu erschaffen, das durch diese Verbindung erst möglich wird. Integrieren wir unsere animalische Seite so harmonisch wie der Reiter die Wildheit seines Pferdes, so entsteht ein wundervolles Ganzes, wandelt sich rohe Wildheit in einen kraftvollen Tanz von Schönheit und Ästhetik.

In der Arbeit mit Menschen und Ihren Pferden habe ich häufig beobachtet, daß der Dialog mit dem Pferd deswegen nicht recht zustande kam, weil der Mensch sich innerlich und äußerlich festhielt. Es fehlten die Elemente von Spontaneität, Impulsivität, Lebendigkeit, Wildheit und Kreativität.

Ein Teilnehmer beschrieb diese Situation aus seiner Sicht:

«Ich spürte selbst, daß die Aktionen, die ich mit meinem Pferd ausführte, sehr statisch waren, ich nahm auch einen inneren Impuls wahr, spontan loszurennen, aber irgend etwas in mir hielt mich dann doch zurück. Ich dachte, mach dich bloß nicht lächerlich, wie sieht das denn aus, wenn du mit deinem Pferd herumrennst. Das ist lächerlich, das macht man als erwachsener Mann doch nicht. Als ich aufgefordert wurde, mir vorzustellen, ich sei ein Hengst, der seinem Rivalen imponieren möchte, empfand ich anfangs mein eigenes Imponiergehabe als entsetzlich peinlich. Je länger ich stolzierte, den Kopf wild zurückwarf und mich «aufplusterte», desto lockerer wurde ich und es fing an, mir unglaublich Spaß zu machen. Ich lebte mich plötzlich richtig aus. Mein Pferd, das die ganze Zeit über völlig desinteressiert, von mir abgewandt, im Pikadero stand, fing an von mir Notiz zu nehmen. Wir beide gerieten mehr und mehr in Bewegung. Mein sonst so gelangweilt wirkender Wallach begann, sich auf unserem gemeinsamen Raum zu präsentieren, lief im stolzen Trab um mich herum, richtete sich auf und trug seinen Schweif wie ich es vorher bei ihm noch nie gesehen hatte. Ich fühlte mich seit meiner Kindheit zum ersten Mal wieder richtig frei und lebendig. Mein Spiel, das ich zunächst als kindisch und lächerlich empfunden hatte, erfüllte mich mehr und mehr mit einem Gefühl der Stärke, Macht und Männlichkeit.»

Integration von Gegensätzen

Betrachten Sie bitte die obige Abbildung. Was sehen Sie darauf? Eine gelbe Kugel vor einem orangen Rechteck? Oder, ein Loch durch eine orange, rechteckige Platte? Oder, vielleicht einen aus einer rechteckigen Platte herausragenden Zylinder?

Unser Verstand versucht meist die Dinge in unserem Leben bestimmten Schubladen nach dem «Entweder-oder-Prinzip» zuzuordnen. So erleben wir vieles als gegensätzlich. Wir polarisieren in gut oder böse, schwarz oder weiß, rechts oder links usw.. Pferde lehren uns das «Sowohl-als-auch-Prinzip». Sie verkörpern zum Beispiel Wildheit und Sanftmut gleichermaßen, verbinden Gegensätze wie Freiheit und Gehorsam, Haltung und Hingabe, Spannung und Losgelassenheit. Sie lösen unser bipolares Denken auf und schaffen so Raum für die Fülle der Zwischennuancen, integrieren scheinbar unvereinbare Gegensätze zu einem harmonischen Ganzen, lassen uns die ganze Bandbreite fließender Übergänge zwischen den Polen erleben. Im Kapitel «Die geistigen Gesetze» werden wir uns noch intensiver mit der Polarität auseinandersetzen und erleben, daß das «Entweder-oder» nur in unserer Vorstellung existiert.

«Jeder Mensch,
alle Ereignisse in deinem Leben
sind da, weil du selbst sie
angezogen hast.

Was du mit ihnen anfängst,
ist deine Sache.»

AUS «ILLUSIONEN» VON RICHARD BACH

Vom Allgemeinen zum Besonderen

Nach unseren bisher eher allgemeinen Betrachtungen über das Persönlichkeitstraining mit Pferden möchte ich Sie nun auf Ihren ganz eigenen, individuellen und einzigartigen Weg mit Ihrem Pferd begleiten.
Das Pferd muß nicht unbedingt in Ihrem Besitz sein, ganz gleich, ob es Ihnen gehört, Sie an einem Pferd nur beteiligt sind, ein Pflegepferd versorgen, ein Schulpferd favorisieren oder Ihnen in einem Kurs durch spontane Wahl oder per Los ein Pferd für die Dauer des Kurses zugeteilt wird. Das Pferd, das Sie nun beschäftigt, ist ein wichtiger Botschafter für Sie, Ihr ganz persönlicher Persönlichkeitstrainer. Begegnen Sie Ihm mit Respekt und Achtung, hören Sie Ihm gut zu und seien Sie bereit, sich für die nun anstehenden Erfahrungen und Erkenntnisse zu öffnen. Mitunter mag es auch vorkommen, daß Ihr Pferd Ihnen schmerzliche Einsichten vermittelt und Ihnen genau das widerspiegelt, was Sie an sich selbst so gar nicht schätzen. Lassen Sie sich nicht entmutigen, packen Sie «den Stier bei den Hörnern», verändern Sie, was es zu verändern gilt, und Sie werden an den Herausforderungen wachsen. Um es mit den Worten von Dieter Hörner, einem erfolgreichen Trainer und Ausbilder zu formulieren: «Es gibt im Leben nichts Schlechtes, es gibt nur das «Angenehm-Gute» und das «Unangenehm-Gute.» In diesem Sinne wünsche ich Ihnen natürlich viele «angenehm-gute» Erfahrungen und Erkenntnisse.

ZUFÄLLE UND FÜGUNGEN

Zufälle, die unser Leben bestimmen 54

Warum haben Sie «zufällig» genau dieses Pferd? 54

Der Zufall in Ihrem Leben 57

Symbolik der Pferde 58

Zufälle, die unser Leben bestimmen

In unserem Sprachgebrauch verwenden wir oft Begriffe wie «zufällig», «so ein Zufall» und meinen damit, die Begegnung, das Ereignis, sei ohne jegliche Absicht, ohne Hintergrund und ohne unser Zutun in unser Leben getreten.

Schweifen Sie kurz ab in Ihre Vergangenheit. Gab es in Ihrem Leben «Zufälle», «glückliche oder unglückliche Verkettungen»? Vielleicht waren Sie «zufällig» zur rechten Zeit am rechten Ort und haben Ihren Lebensgefährten kennengelernt. Sie haben vielleicht Ihren alten Arbeitsplatz verloren und rein «zufällig» durch eine Zeitungsanzeige Ihren Traumjob bekommen. Vielleicht waren Sie auch bei Freunden und haben über ein bestimmtes Thema diskutiert und einige Tage später finden Sie «rein zufällig» einen entsprechenden Artikel darüber in einer Illustrierten. Die Liste ließe sich beliebig verlängern.

Machen Sie sich bewußt, es gibt keinen Zufall im oben genannten Sinne. Diese Ereignisse fallen uns aufgrund unseres So-seins zu. Sie haben unmittelbaren Bezug zu uns, zu unserem Denken, Handeln und Sein. Sie sind beabsichtigt, wenn auch unbewußt herbeigeführt und von uns selbst provoziert.

Der Zufall oder eine Fügung bewirkt, daß sich Neues in Ihr Leben einfügt, eine neue Erkenntnis, eine neue Richtung auf Ihrem Lebensweg oder eine Korrektur des eingeschlagenen Weges. Fügungen gibt es sehr oft in unserem Leben, wir nehmen sie nur meist nicht als solche wahr. Wenn wir diesem Umstand mehr Beachtung schenken, werden wir erkennen, daß alles, was uns begegnet, in einem sinnvollen Zusammenhang steht.

Warum haben Sie «zufällig» genau dieses Pferd?

Haben Sie sich schon mal die Frage gestellt, warum Sie sich gerade für genau dieses Pferd entschieden haben oder gerade dieses Pferd auf irgendeine Weise in Ihr Leben getreten ist? Vielleicht haben Sie sich einen Fuchs gewünscht und sind mit einem Braunen nach Hause gekommen. Das auserwählte Pferd entspricht oft gar nicht der bewußten Vorstellung von dem, was wir haben möchten. Doch plötzlich stellt sich eine innere Sicherheit ein, die uns signalisiert, «das ist es!». Die meisten Entscheidungen treffen wir im übrigen unbewußt, wie die Psychologen inzwischen herausgefunden haben. Aber was war nun das entscheidende Element. War es Intuition?

Die Geschichte von Jutta und ihrem Wallach Pasha

Jutta hätte es sich nie träumen lassen, daß der Kauf dieses Pferdes ihr ganzes Leben verändern würde.

Jutta, eine erfahrene, ehrgeizige Reiterin, beschloß mit Ihrem Mann zusammen ein Pferd zu kaufen. Jung sollte es sein, schön, begabt, eben ein Pferd, mit dem man als Reiter Erfolg haben kann. Nach einigem Suchen und Probereiten war der Wunschkandidat gefunden. Ein junger, stattlicher Rappwallach mit melancholischem Blick, bester Abstammung und mit Namen Pasha. Schritt für Schritt wurde Pasha ausgebildet und versprach ein Erfolgspferd zu werden. In Laufe der Ausbildung stellten sich eigenartige Symptome ein. Beim Satteln warf sich das Pferd auf den Boden, lief unter dem Reiter verspannt, leicht ataktisch. In der Tierklinik wurde festgestellt, daß das Pferd an dem sogenannten «Kissing-Spine-Syndrom» litt, das bedeutet, daß sich die Enden der Dornfortsätze an der Wirbelsäule im Bereich des Widerrists berühren und so zu Schmerzen und Bewegungsstörungen führen. Die Tierärzte rieten Jutta, das Pferd entweder einer teuren und risikoreichen Operation zu unterziehen oder es töten zu lassen. Für Jutta ging die Welt unter. Sie hatte das Pferd sehr liebgewonnen und nun wurden alle Hoffnungen jäh zerstört. Nachdem sie ihren ersten Schock überwunden hatte und ihr eine Freundin, die sie zehn Jahre lang aus den Augen verloren hatte und «zufällig» in der Tierklinik auftauchte, riet, nicht gleich die Flinte ins Korn zu werfen, sondern erst einmal zu versuchen, die Muskeln des Pferdes umzutrainieren, um den Bereich am Widerrist möglichst zu entlasten, begann Jutta statt an Probleme in Lösungen zu denken. Sie nahm die Herausforderung, die das Leben ihr mit diesem Problem stellte, an. Sie studierte die Bewegungen ihres Pferdes und gymnastizierte es so, daß es ohne Schmerzen taktrein gehen konnte. Nach monatelangem Aufbautraining konnte sie es mit einem südamerikanischen Arbeitssattel auch wieder reiten. Auch die Psyche des Pferdes stellte sie vor immer neue Herausforderungen. Gemeinsam mit ihrem Pferd ist sie in den letzten Jahren innerlich gewachsen. Ihr Pferd war sozusagen der Entwicklungshelfer ihrer Persönlichkeit. Jutta war zu Beginn eine eher schüchterne, unscheinbare, angepaßte junge Frau und «mauserte» sich im Laufe der letzten Jahre zu einer selbstbewußten, offenen Frau, die voller Spontaneität und Lebensfreude ihren Lebensweg geht. Durch die Auseinandersetzung mit ihrem Pferd war sie gezwungen, an sich selbst zu arbeiten, hinter das Augenscheinliche zu blicken und ständig bereit zu sein, Kurskorrekturen vorzunehmen. Heute sieht sie in ihrem Pferd den Katalysator ihrer persönlichen Entwicklung, und der Ehrgeiz von einst, mit dem Pferd auf Turnieren erfolgreich zu sein, ist längst der inneren Gewißheit gewichen, daß in der Entfaltung von Mensch und Pferd der wahre Erfolg liegt.

Der Zufall in Ihrem Leben

Schließen Sie kurz die Augen und lassen Sie vor Ihrem inneren Auge die Erinnerung lebendig werden. Wie kam der Kontakt zustande? Wo haben Sie Ihr Pferd zum ersten Mal gesehen? Wer war dabei? Was haben Sie dabei gefühlt? Wie war Ihr erster Eindruck von diesem Pferd?

Notieren Sie hier, wie Sie zu Ihrem Pferd gekommen sind, welche «Zufälle» dabei eine Rolle gespielt haben.

Betrachten wir einmal die bewußten und unbewußten Beweggründe, die Sie zu Ihrem Pferd geführt haben.

Wie Sie zu Ihrem Pferd kamen

Damals, mit meinem Pferd war das so:

Zufällig war ich noch im Stall, als die Stute des Stallbesitzers zu fohlen begann. Ich war das erste mal in meinem Leben Zeuge einer Pferdegeburt. Völlig gebannt beobachteten der Stallbesitzer und ich wie das Fohlen mit dem Kopf voraus sein Erdenleben begann. Als der Kopf sichtbar war, wußte ich, das ist mein Pferd, dieses Pferd gehört zu meinem Leben. Noch bevor es den Mutterleib ganz verlassen hatte und ohne überhaupt zu wissen, ob es ein Stut- oder Hengstfohlen ist, hatte ich es per Handschlag bereits gekauft. Ich wußte, ich würde «den Gürtel ganz schön eng schnallen müssen» mit meinem Lehrlingsgehalt, aber gleichzeitig war ich mir sicher, daß ich das Richtige getan hatte …

Damals, mit meinem Pferd war das so:

Nun werden Sie feststellen, daß so ein einfacher Pferdekauf doch von einer Vielzahl von Faktoren abhängt und eine Kette von «Zufällen» Ihnen schließlich ein Pferd beschert hat. Diese

«Zufälle» sind mannigfaltig. Als ich Seminarteilnehmer fragte, wie sie denn zu ihrem Pferd gekommen seien, hörte ich ganz verrückte und abenteuerliche Geschichten. Hier eine weiteres Beispiel:

«Damals war ich noch mitten im Studium, da wurde ich schwanger. Mein Freund und ich heirateten und nahmen vom Staat ein Familiengründungsdarlehen an. Eigentlich gedacht für die Einrichtung des Kinderzimmers, zum Kauf von Windeln und Babysachen. Wir besuchten Freunde, die ihr Pferd in einem Zuchtbetrieb eingestellt hatten. Und da sahen wir sie – unsere «Fee» und jeglicher Vernunft zum Trotz erstanden wir mit unserem Familiengründungsdarlehen dieses Pferd. Es war der wohl ungünstigste Moment für ein eigenes Pferd, aber es mußte einfach sein. Wir fühlten beide, daß es so richtig war. Die Babysachen kauften wir dann im Secondhandladen. ....»

Symbolik der Pferde

Bitte nehmen Sie sich ein wenig Zeit für die nachfolgenden Übungsblätter. Versuchen Sie sich selbst gegenüber so ehrlich wie möglich zu sein.

Die Ist- und Soll-Bilanz

A

Was symbolisieren Pferde für Sie?
Schließen Sie bitte kurz die Augen. Stellen Sie sich ein Pferd in freier Natur vor. Beobachten Sie, wie es sich bewegt, schauen Sie in seine Augen, erfassen Sie den Gesamtausdruck Ihres imaginären Pferdes. Fühlen Sie sich ganz in dieses innere Bild ein. Welche Gefühle vermittelt es Ihnen? Was taucht in Ihrer inneren Bilderwelt auf? Öffnen Sie wieder die Augen und notieren Sie spontan, ohne nachzudenken, Ihre Gefühle und Gedanken und tragen Sie diese in die linke Spalte ein. Sie können auch Ihre Aufzeichnungen aus der Übung zu Beginn des Buches auf Seite 13, übernehmen.

B

Betrachten Sie Ihre Liste.
Denken Sie sich in jeden dieser Punkte hinein und fühlen Sie, wo Ihre persönlichen Prioritäten liegen. Lassen Sie auf diesem Weg eine Hierarchie der Werte entstehen.
Bewerten Sie die Wichtigkeit dieser Symbole mit Punkten von 0 – 5 (0 = unwichtig, 5 = höchste Priorität) und tragen Sie diese in die mittlere Spalte ein.

Pferde symbolisieren für mich:	**Welche Priorität hat das in meinem eigenen Leben?**	**Wie gut ist das in meinem Alltagsleben verwirklicht?**
Freiheit	*relativ wichtig – 3*	*Ich arbeite nicht mehr so viel und so lange wie früher*
Stolz	*sehr wichtig – 5*	*Ich gehe meinen Weg ... meinen Stolz kann mir niemand nehmen*

C

Schließen Sie erneut die Augen. Denken Sie an das mit Pferden assoziierte Symbol, welches in Ihrer eigenen Wertehierarchie ganz oben steht. Lassen Sie ein Gefühl dafür in Ihnen aufsteigen. Lassen Sie es ganz intensiv werden. Lenken Sie Ihre Gedanken nun auf Ihr Alltagsleben, betrachten Sie die aufsteigenden Bilder. Suchen Sie nach einer Entsprechung Ihres Symbols in Ihrem Alltag. Wo leben Sie diesen inneren Wert, wie gut ist er in Ihrem

Leben integriert? Was fühlen Sie? Fülle oder Sehnsucht? Tragen Sie in die rechte Spalte ein, wie stark dieser Bereich in Ihrem Leben verwirklicht ist. Gehen Sie auf diese Weise die wichtigsten Punkte durch. Zur Klärung Ihrer Alltagssituation können Sie auch den nachfolgenden Selbsttest «Zu welcher Position fühlen Sie sich eher hingezogen?» hinzuziehen.

Im Verlauf dieser Übung werden Sie vielleicht bereits gespürt haben, daß das, was wir mit Pferden assoziieren, sich auch im Bereich unserer Sehnsüchte und Ängste wiederfinden läßt. So betrachtet entsteht eine völlig neue Qualität in der Beziehung zwischen Mensch und Pferd. Wir Menschen sind offensichtlich mit dem Wesen der Pferde weit stärker verwoben als es nach außen hin den Anschein haben mag. Pferde spiegeln einen Teil unserer Sehnsüchte wider, bei manchen Menschen vielleicht auch deren tiefste Ängste. Liegt darin vielleicht der Ursprung unserer menschlichen Faszination den Pferden gegenüber? Suchen wir bei den Pferden etwas, was uns selbst abhanden gekommen ist? Wir werden diesen Fragen nachgehen.

Schauen Sie sich Ihre Liste noch einmal genauer an. Wo finden Sie Übereinstimmung, wo sehen Sie förderungswürdige Bereiche?

Wenn Ihre wichtigsten Bereiche stark verwirklicht sind, dann «Herzlichen Glückwunsch!». Sie führen offensichtlich ein sehr erfülltes Leben. Bitte verraten Sie uns, wie Sie das geschafft haben. Alle «Normalsterblichen», wie ich, werden festgestellt haben, daß es durchaus Bereiche gibt, die uns zwar sehr wichtig sind, in unserem Alltagsleben aber leider noch nicht so integriert sind, wie wir das gerne hätten.

Deshalb haben wir uns weitgehend intuitiv und unbewußt einen «Nachhilfelehrer» engagiert. Sie werden es schon vermutet haben, ja, der Nachhilfelehrer ist unser Pferd. Leider sind wir oftmals alles andere als Musterschüler. Wir ignorieren die Botschaften, stören den Unterricht oder schwänzen ihn ganz. Die Hausaufgaben machen wir auch nicht immer, teils aus Bequemlichkeit, fehlender Motivation oder Unkenntnis. Ob wir von unseren Pferden je das «Reifezeugnis» bekommen, ist mehr als fraglich. Aber ab heute wird ja alles ganz anders. Ab sofort werden wir lernen, unseren Pferden zuzuhören. Zusammen mit den Pferden werden wir unsere bisherigen Grenzen überschreiten und über uns selbst hinauswachsen. Sind Sie bereit?

Zu welcher Position fühlen Sie sich eher hingezogen?

Tragen Sie bitte in dem nachfolgenden kleinen Selbsttest dort ein Kreuzchen ein, wo Sie sich Ihrer Meinung nach am ehesten wiederfinden. Es geht hier nur darum, persönliche Tendenzen etwas besser erkennbar zu machen.

Sollten Ihre «Kreuzchen» in der Tabelle etwas «rechtslastig» sein, nehmen Sie es nicht so tragisch, das ist ja nur eine Momentaufnahme und dieser Zustand ist jederzeit veränderbar.

	++	+	o	+	++	
Ich fühle mich mächtig und kraftvoll.	○	○	○	○	○	*Ich fühle mich oft ängstlich und schwach.*
Ich bin stolz auf mich.	○	○	○	○	○	*Ich fühle mich minderwertig.*
Mein Umfeld begegnet mir mit Achtung und Respekt.	○	○	○	○	○	*Meine Bedürfnisse werden von anderen mit Füßen getreten.*
Ich lebe meine Gefühle total aus.	○	○	○	○	○	*Ich habe Angst loszulassen und meine Gefühle offen zu zeigen.*
Ich lebe innerlich und äußerlich vollkommen frei.	○	○	○	○	○	*Ich fühle mich eingeengt und innerlich unfrei.*
Ich finde mich schön.	○	○	○	○	○	*Ich finde mich häßlich.*
Ich bewege mich sehr anmutig und geschmeidig.	○	○	○	○	○	*Ich empfinde meine Bewegungen als plump und schwerfällig.*
Ich stecke voller Tatendrang, Energie und Kreativität.	○	○	○	○	○	*Ich fühle mich oft müde, schwach und ausgebrannt.*
Ich ergreife meist selbst die Initiative.	○	○	○	○	○	*Ich schließe mich meistens der Initiative anderer an.*

Für Ihre Arbeit mit dem Buch ist eigentlich nur die Erkenntnis wichtig, wo überhaupt Änderungsbedarf besteht. In welchem Bereich möchten Sie Ihre augenblickliche Gefühlslage verändern? Worum geht es Ihnen wirklich? Möchten Sie freier, mutiger, offener werden oder geht es Ihnen mehr um Ihr körperliches Erscheinungsbild? Machen Sie sich hier Ihren persönlichen Schwerpunkt bewußt und kennzeichnen Sie ihn.

Manfred und «Sissi», Jutta und «Pasha» entdecken immer wieder neue Ergänzungs- und Reibungsflächen, an denen beide Seiten, Mensch und Pferd, wachsen können.

Parallelen und Gegensätzlichkeiten

Schauen wir uns doch einmal Ihr Pferd genauer an. Welche Wesensmerkmale weist es auf? Was ist an seinem Wesen und seinem Verhalten charakteristisch? Bitte streichen Sie die nicht zutreffende Eigenschaft und ergänzen Sie Ihr eigenes diesbezügliches Wesensmerkmal. Wo finden Sie Gemeinsamkeiten, wo herrschen Unterschiede?

Betrachten Sie sich diese Aufstellung etwas näher. Finden Sie vorwiegend Ähnlichkeiten oder Gegensätzlichkeiten bezüglich der charakteristischen Eigenschaften Ihrer Persönlichkeit und der Ihres Pferdes?

Wir werden in einem späteren Kapitel nochmal darauf zurückkommen. Nehmen Sie Gemeinsamkeiten und Gegensätzlichkeiten vorerst einfach nur zur Kenntnis.

Charakteristika meines Pferdes:	In diesem Punkt schätze ich mich so ein:
starkes Durchsetzungsvermögen/ defensiv	
offen, zugänglich / verschlossen, introvertiert	
mutig / ängstlich	
nervös / ruhig	
gesellig / eigenbrödlerisch	
temperamentvoll / träge	
eigenwillig / gefügig	
begreift schnell / braucht Zeit	
braucht Körperkontakt / meidet Körperkontakt	
unkontrollierbar / gehorsam	
begeisterungsfähig / schwer zu motivieren	
frech / artig	
draufgängerisch / vorsichtig	
vertrauensvoll / mißtrauisch	
sensibel / hart im Nehmen	

«Es gibt kein Problem, das nicht auch ein Geschenk für dich in den Händen trüge. Du suchst Probleme, weil du ihre Geschenke brauchst.»

AUS «ILLUSIONEN» VON RICHARD BACH

DIE GEISTIGEN GESETZE

Das Gesetz der Resonanz 66

Das Gesetz des Denkens 78

Das Gesetz der Polarität 82

Die geistigen Gesetze

Um die Zusammenhänge zwischen Ihnen, Ihrem Leben und der Existenz Ihres Pferdes neben Ihnen tiefer verstehen zu können, ist es wichtig, die Gesetzmäßigkeiten im «Spiel des Lebens», die geistigen Gesetze, näher zu betrachten. Die geistigen Gesetze sind gleich den wissenschaftlich belegten Naturgesetzen immer gültig und immer wirksam. Sie wirken ständig, auch in Ihrem Leben, selbst wenn Sie sie vielleicht noch nicht kennen. Es ist ja auch jeder dem Naturgesetz der Schwerkraft unterworfen, ob er davon Kenntnis besitzt oder nicht. Jedes Kleinkind macht beim Erlernen der ersten Schritte unweigerlich mit dem Gesetz der Schwerkraft nähere Bekanntschaft. Auch wenn es nicht begreift, warum es auf den Boden fällt, wird es die Wirkung dieses Gesetzes nicht aufheben können.

Einige der geistigen Gesetze möchte ich hier herausgreifen. Weiterführende Lektüre finden Sie im Literaturverzeichnis am Buchende.

Das Gesetz der Resonanz

Warum haben Sie sich nun genau für dieses Pferd entschieden? Auf der Suche nach einer Antwort auf diese Frage stoßen wir unweigerlich auf das Gesetz der Resonanz oder Gesetz der Entsprechung.

Das Gesetz der Resonanz ist das Gesetz der Übertragung von Energie. Denn jede Schwingung überträgt die in ihr wirkende Energie auf jeden gleichschwingenden Körper.

Befinden sich zum Beispiel zwei Klaviere in einem Raum, und an einem wird eine Taste angeschlagen, so schwingt der dadurch produzierte Ton auf der gleichen Frequenz in dem zweiten, unberührt gebliebenen Klavier. Voraussetzung für diese Schwingungsübertragung ist, wie oben definiert, daß beide gleich, zumindest ähnlich sind. Vielleicht können Sie sich noch an dieses Phänomen aus dem Musik- oder Physikunterricht erinnern. Schlägt man eine Stimmgabel an, setzt sie auf einen Holzkasten und setzt eine weitere, nicht angeschlagene Stimmgabel dazu, wird der Ton auf die nicht angeschlagene Stimmgabel übertragen. Ersetzt man die zweite Stimmgabel jedoch durch eine normale Gabel aus dem Besteckkasten, wird der Ton nicht übertragen.

Es ist nicht immer leicht zu akzeptieren, daß das, was das Pferd uns spiegelt, tatsächlich in unserer Resonanz liegt, vor allem dann, wenn es sich um Eigenschaften handelt, die wir an uns selbst nicht schätzen.

Im Bezug auf unsere Wahrnehmung verhält es sich genauso. Wir nehmen nur das wahr, was sich in unserem persönlichen Schwingungsbereich befindet und wirkt. Für das, was nicht in unserem Schwingungsbereich liegt, sind wir nicht «resonanzfähig», so wie die Gabel aus dem Speisebesteck.

Das Ereignis muß in unserer Resonanz sein, das heißt, wir müssen dafür «resonanzfähig» sein, damit wir es überhaupt wahrnehmen, erleben und fühlen können. Daraus ergibt sich als logische Konsequenz, daß nur die Ereignisse, Erfahrungen, große und kleine Probleme in unser Leben treten können, die sozusagen für uns maßgeschneidert sind und für die wir alle Fähigkeiten und Voraussetzungen besitzen, um diese auch lösen und bewältigen zu können. Jedes Problem ist also eine maßgeschneiderte Aufgabe für uns und entspricht unserem derzeitigen Schwingungszustand. Aufgrund unserer persönlichen

Schwingungsfrequenz entscheiden wir also selbst, was in unser Leben tritt, welche Menschen uns begegnen und welche Probleme, sprich Aufgaben uns gestellt werden. Sie werden sich jetzt vielleicht angesichts bereits erlebter Niederlagen und Schicksalsschläge nicht recht vorstellen können, daß Sie dafür tatsächlich resonanzfähig waren. Betrachten Sie jedoch diese Ereignisse aus einer distanzierteren Sicht, so werden Sie oftmals erkennen, daß diese Erfahrungen für Sie wichtig, wenn auch nicht angenehm waren. Der Sinn schwerer Schicksalsschläge liegt aber oft außerhalb unseres menschlichen Fassungsvermögens. Dann bleibt uns nur der Glaube und die Hoffnung als Trost.

Das Gesetz der Resonanz hat aber auch durchaus etwas Beruhigendes: Demnach sind alle Herausforderungen unseren Fähigkeiten angepaßt. Sehen Sie sich großen Herausforderungen gegenübergestellt, so können Sie sicher sein, daß Sie offensichtlich über enorme Kraft verfügen und diesen Herausforderungen auch gewachsen sind. Das einzige, was Sie zu Fall bringen kann, ist Ihr Mangel an Glauben und Vertrauen in Ihre eigenen Fähigkeiten.

Das Gesetz der Resonanz besagt weiter, daß wir unsere eigene Schwingungsfrequenz verändern, sowie auch die anderer beeinflussen können. Andere haben wiederum Einfluß auf die unsere. Darüberhinaus können wir uns entscheiden, welchen Schwingungen wir uns öffnen, welchen wir uns verschließen, welche wir fördern oder lieber reduzieren. Vorausgesetzt, wir sind bereit, die wirkenden Gesetzmäßigkeiten in unserem Leben bewußt zu beleuchten und in die bestehenden, unbewußten Verhaltensmuster einzugreifen. Wiederholen sich unangenehme Dinge in Ihrem Leben, wäre doch zu hinterfragen, welchen Grundmustern sie zuzuordnen sind und worin die Lösung des eigentlichen Problems besteht. Haben Sie das zentrale Problem gelöst, werden Sie künftig dafür nicht mehr resonanzfähig sein. Das ist doch prima, oder?

Gratuliere, Sie haben das richtige Pferd!

«Bon Jour» und ich hatten auch erst einmal eine sehr harte Schale zu knacken, das hat uns beide geläutert. Heute ist er dafür auch eine Perle in meinem Leben.

Alles, was Sie in Ihrem persönlichen Umfeld vorfinden, Ihr Pferd eingeschlossen, haben Sie also selbst, aufgrund Ihrer persönlichen Schwingungsfrequenz, angezogen. Sie haben also genau das Pferd, das Ihnen entspricht, und es konfrontiert Sie genau mit den Problemen, deren Lösung für Sie wichtig ist. Es ist wie bei einer Auster: Wenn wir die harte Schale (das Problem) als Herausforderung annehmen, erhalten wir die Perle (die Erkenntnis) als kostbares Geschenk.

Dabei tritt auch manchmal ein seltsames Phänomen auf. Immer wieder habe ich beobachten können, wie gerade sehr ängstliche, unsichere Menschen mit wenig Durchsetzungsvermögen sich in wilde, äußerst dominante Pferde verlieben und kurz darauf ihr Eigen nennen. Diese Entscheidung bringt sie dann erst einmal in «Teufels Küche». Vernunftgründe scheinen bei dieser Wahl wohl nicht im Vordergrund zu stehen. Es geht um etwas anderes, etwas Entscheidendes. Es geht um eine Wachstumschance. Auch wenn es den Betreffenden nicht bewußt ist, sie haben sich für einen Prozeß des Lernens, der Bewußtwerdung entschieden. Oftmals ist dies wirklich eine große Herausforderung.

Sollten Sie also zu den Menschen gehören, die sich in ein Pferd verliebt haben, das für Sie eine große Herausforderung bedeutet, so haben Sie immerhin drei Möglichkeiten sich zu entscheiden:

A

Sie nehmen die Herausforderung an:
Sie entwickeln Ihre innere Stärke und erarbeiten sich Selbstbewußtsein und Selbstvertrauen. Dabei können Sie sich ja auch bei Sachkundigen Rat und Hilfe suchen. Dies bedeutet, Sie nehmen die Herausforderung an und werden sie meistern. Gestärkt treten Sie künftig auch in anderen Lebensbereichen in Erscheinung. Die Beziehung zu Ihrem Pferd wird sich in Richtung Klarheit, Vertrauen und Dominanz entwickeln. Sie sind Gewinner in jeder Hinsicht. Sie erinnern sich sicher an die Geschichte von Jutta und Pasha. Jutta hat die Herausforderung angenommen und so ständig bestehende innere Grenzen überschritten.

B

Sie weichen der Herausforderung aus:
Sie verzagen und resignieren, weichen der Herausforderung aus. In manchen Fällen kann dies auch eine durchaus sinnvolle Lösung sein. Man muß ja nicht jeden Becher leeren, man kann ihn auch an sich vorübergehen lassen. Meistens führt diese Entscheidung zum Verkauf des Pferdes. Diese Entscheidung hat allerdings auch ihren Preis. Durch Ausweichen vor dem Problem haben Sie sich unter Umständen ein Gefühl der Niederlage zugefügt. Das ist wiederum für Ihr Selbstvertrauen nicht gerade zuträglich. Die ungelöste Aufgabe wird in Ihrem Leben vielleicht in anderer Form später wieder auftreten. Denn aufgeschoben ist nicht aufgehoben und schon gar nicht gelöst. Für das Pferd ist diese Entscheidung unter Umständen ebenfalls problematisch. Schwierige Pferde suchen ihren «Meister» und gehen dabei oft durch viele Hände, was die Pferdepsyche irgendwann endgültig zerstört.

Helen, eine Frau Mitte Dreißig, fing zusammen mit ihrer achtjährigen Tochter an, in einer Reitschule reiten zu lernen. Sie verliebte sich in einen großen Fuchswallach mit Namen Bento und kaufte ihn vom Fleck weg. Sehr bald zeigte sich, daß ihr Bento ein sehr eigenwilliges, dominantes Pferd war. Er war erst mit zehn Jahren kastriert worden und zeigte noch sehr ausgeprägte Hengstmanieren. Für eine Anfängerin wie Helen eine große Herausforderung, zumal Helen zu den Menschen gehörte, die, wie man so schön sagt, zwar «eine große Klappe» haben, aber nicht unbedingt tatsächliches Durchsetzungsvermögen. Zunächst packte Helen die Sache an. Wir arbeiteten im Pikadero mit Bento, Helen machte große Fortschritte und Bento schloß sich ihr zunehmend an. Alle Anzeichen wiesen auf einen Erfolg in Richtung Selbstvertrauen, Selbstbewußtsein und Dominanz hin. Plötzlich kam alles zum Stillstand. Helen hatte sich entschieden, ihren Mann zu verlassen. Die radikale Veränderung ihrer Lebensumstände führte zu einer schweren Lebenskrise, kostete viel Energie und war eben so vordringlich, daß die «Lebensschule» durch ihr Pferd in den Hintergrund trat. Interessanterweise verlor Bento damit auch seine «Existenzberechtigung» in Helens Leben. Er fristete noch einige Monate ein trauriges Dasein im Stall, zeigte zeitweise eigenartige Symptome. Er schwankte beim Dösen und fiel fast um, hatte Probleme mit der Atmung und verfiel zunehmend in Resignation. Er spiegelte den Gemüts- und Gesundheitszustand seiner Besitzerin wider, die ihrerseits mit Magengeschwüren und depressiven Phasen kämpfte. Helen verschenkte das Pferd schließlich und dort blühte Bento noch einmal auf bis er nach einem Jahr von den neuen Besitzern eingeschläfert wurde, als sich sein Gesundheitszustand wieder verschlechterte. Pferde und Reiten spielen in Helens Leben heute keine Rolle mehr. Beides hat bis zum jetzigen Zeitpunkt seine Wichtigkeit in ihrem Leben verloren. Es gibt ja auch noch andere Wege, Selbstbewußtsein und Selbstvertrauen zu erlernen. Die Schule des Lebens ist da sehr einfallsreich.

C

Sie sind dafür nicht mehr resonanzfähig:
Sie verändern Ihre Schwingungsfrequenz und sind dadurch für dieses Problem nicht mehr resonanzfähig. Dies setzt jedoch voraus, daß Sie das mit dem Pferd verbundene Problem bereits auf andere Weise gelöst haben oder es derzeit in Ihrem Leben nicht vorrangig ist. Möglicherweise tritt dieses Pferd auf irgendeine Weise wieder aus Ihrem Leben oder die ursprünglichen Schwierigkeiten treten nicht mehr in Erscheinung.

Maria erlebte dies mit ihrer Stute Bella. Maria ist Grundschullehrerin und fing erst als Erwachsene mit dem Reiten an. Maria hatte damals eine schwierige Klasse und konnte sich anfangs bei den Kindern nicht richtig durchsetzen. Das gleiche Problem zeigte sich in Bezug auf ihr Pferd Bella. Bella ließ sich von ihr nicht vom Stall wegreiten. Seltsamerweise hatte ihre Reitbeteiligung nie Probleme damit. Im Laufe des Schuljahres harmonisierte sich das Verhältnis zwischen Maria und ihrer Klasse und es gab keine Disziplinschwierigkeiten mehr. Sobald Maria dieses Problem gemeistert hatte, ließ sich Bella auch von ihr vom Stall wegreiten und zwar ohne jeden Kampf und ohne jegliche Zwangsmaßnahmen, einfach so, als wäre es nie anders gewesen. Maria hatte das eigentliche Problem anderweitig gelöst. Offensichtlich strahlte Maria nun Selbstsicherheit, Klarheit und Souveränität aus, und das schien Bella so zu beeindrucken, daß sie sich Maria gerne anschloß und sich ohne Zögern mit ihr ins Abenteuer Geländeritt wagte.

Glauben Sie nun immer noch an Zufälle?

Mit welchen Herausforderungen konfrontiert Sie Ihr Pferd?

Zum Beispiel: Es konfrontiert mich mit meiner Angst vor Kontrollverlust, wenn es im Gelände sehr heftig wird.

Gehen wir davon aus, daß Leben soviel wie Lernen bedeutet. Wir befinden uns also in einem ständigen Lernprozeß. Das Ziel, ein Idealzustand wäre, alles zu wissen, alles erfahren zu haben, alles zu verstehen, alles zu sein – also Vollkommenheit. Ideale sind dazu da, uns ein wenig die Richtung zu weisen, deren Verwirklichung steht allerdings wohl außerhalb unseres Menschseins.

Lernen
ist herausfinden, was du bereits weißt.
Handeln ist zeigen, daß du es weißt.

Lehren
ist andere wissen lassen, daß sie es
genauso gut wissen,
wie du selbst.

aus «Illusionen» von Richard Bach

In der Auseinandersetzung mit unserer Umwelt und mit uns selbst haben wir die Chance vollständiger zu werden. Wie eingangs bereits erwähnt wurde, ist alles im Außen, unser soziales Umfeld, unser Lebensstil und unsere Beziehungen eine Spiegelung unserer selbst, denn es entspricht unserer eigenen Resonanz. Ihr Pferd ist demnach ein Spiegel, es reflektiert aber nicht nur Ihre eigenen Wesensmerkmale, ist geformt durch Ihr Verhalten, sondern es zeigt Ihnen auch, und das ist das Wunderbare, ungelebte Wesenselemente, unterdrückte Bedürfnisse, festgefahrene Strukturen.

Gehen wir noch mal zurück zu Ihrem ersten Arbeitsblatt. Hier haben Sie aufgeschrieben, womit Sie Pferde assoziieren und wie diese Bereiche in Ihrem eigenen Leben verwirklicht sind. Haben Sie Defizite herausgefunden? Gibt es Bereiche, die durchaus förderungswürdig sind? Prima, Sie haben ja den idealen Partner, Ihr Pferd, an Ihrer Seite.

Um das zu verdeutlichen, möchte ich Ihnen von Petra und ihrem Pferd Peppermint erzählen.

Petra, eine Frau mittleren Alters, führt ein geordnetes, reglementiertes Leben, in dem Spontaneität und Ausgelassenheit den Prinzipien der Vernunft geopfert wurden. Petra entschied, daß ihre Stute nicht mit den anderen Pferden auf die Koppel gehen durfte. Sie begründete dies mit der Gefahr der Verletzung durch andere Pferde. Darüber hinaus würde das Pferd herumtollen und für die Arbeit unter dem Reiter dann zuwenig Leistung bringen. Nebenbei bemerkt, Petra ist nicht etwa ein Profi, sondern eine Anfängerin. Wir wollen hier nicht über Petra ein Urteil fällen, wir wollen nur hinter die tatsächlichen Beweggründe schauen. Die Verletzungsgefahr auf der Koppel ist nicht das eigentliche Thema. Betrachten wir Petras eng reglementiertes Leben, so fällt auf, daß Elemente der Ausgelassenheit, der Freude, der Wildheit und Natürlichkeit sehr stark unterdrückt sind. Es gibt sicher genug Gründe, warum das in Petras Leben so ist, darüber wollen wir hier nicht urteilen, wir wollen nur das Muster hinter ihrem Verhalten erkennen und uns Gedanken darüber machen, welche Rolle ihr Pferd dabei spielt. Es ist sehr oft zu beobachten, daß das, was sich ein Mensch selbst verwehrt, er einem anderen Wesen auch nicht zugestehen möchte. Im Erkennen der wahren Beweggründe unseres Verhaltens, durch die Konfrontation mit unseren eigenen Schwächen und Defiziten, haben wir die Chance zu lernen. Im Zusammensein mit ihrem Pferd hat Petra die Möglichkeit, schrittweise die Qualitäten von Freiheit, Ausgelassenheit, Spontaneität und Wildheit wieder besser in ihr eigenes, vielleicht sehr erstarrtes Leben zu integrieren.

Die Pferde lehren uns, all diese Lebensqualitäten, die wir mit ihnen assoziieren, in unserem eigenen Leben wieder zu entdecken und so unserer eigentlichen Natur wieder näherzukommen. Mit der Freiheit, die wir ihnen gewähren, erweitern wir unsere eigenen Grenzen.

Das Pferd als «Entwicklungshelfer» Ihrer Persönlichkeit

Blättern Sie bitte noch einmal zurück zur «Symbolik der Pferde» auf Seite 59.

Betrachten Sie Ihre Aufzeichnungen in der rechten Spalte. Es ging darum, wie gut Ihre mit Pferden assoziierten Sehnsüchte bereits in Ihrem Alltagsleben integriert sind. Erkennen Sie darin Bereiche, die Sie als förderungsbedürftig empfinden, das heißt, stärker verwirklicht werden sollten?

A

Worin sehen Sie förderungsbedürftige Bereiche in Ihrem Leben?

B

Auf welche Weise finden Sie hierfür Unterstützung in Ihrem Pferd?

Erinnern Sie sich an die Geschichte von Petra und Peppermint, hier wäre möglich, daß Petra ihrem Pferd ein wenig Freiheit auf der Koppel gewährt und parallel dazu sich selbst einen freien Tag, ohne Verpflichtungen. Durch das Pferd hätte Sie so die Möglichkeit, sich Ihr eigenes Bedürfnis nach Freiheit bewußt zu machen und es Stück für Stück auch wieder auszuleben.

C

Welche Anregungen bietet Ihnen Ihr Pferd?

Jeanette, eine Kursteilnehmerin schilderte mir ihre Erfahrung mit der Beantwortung der obigen Fragen so:

«Zunächst fand ich keinen rechten Bezug zwischen mir, meinem Pferd und dem förderungswürdigen Bereich. Es ist wohl so, daß gerade an den Punkten, die wirklich für einen wichtig wären, ein blinder Fleck ist, der zunächst die klare Sicht versperrt. Erst später ging mir dann tatsächlich ein Licht auf. Ich beobachtete eine Reitstunde von der Tribüne aus. Die Pferde gingen vorschriftsmäßig und folgten brav den reiterlichen Hilfen. Optisch sah das ganze vollkommen korrekt aus, aber irgendwie machte mich die Szenerie traurig. Ich hatte ein ganz sonderbares Gefühl, ein Gefühl der Enge, des Funktionierenmüssens, des Gegängeltseins und der Resignation. Ja, das war es. Diesen Eindruck hinterließen diese funktionierenden Pferde in mir. Es fehlte so schmerzlich an den Elementen der Freiheit, des Stolzes, der Schönheit, der Würde und der Wildheit. Diese Pferde im Dressurviereck hatten keinerlei Charme oder Ausdruck. Sie waren «Reitroboter» die ihren Dienst verrichteten. Nichts an den Pferden verriet eine echte Gefühlsregung. Es war entsetzlich. Ich kannte dieses Gefühl nur zu gut aus meinem eigenen Leben: sich anpassen und funktionieren müssen. In diesen Minuten wurde mir bewußt, daß sich nun in meinem Leben etwas Grundlegendes geändert hatte. Ich versprach mir und meinem Pferd, mein Pferd nie wieder zum «Reitroboter» zu degradieren und ihm dadurch seinen Stolz, seine Würde und seinen Selbstausdruck zu nehmen. Das war der erste Schritt in unsere gemeinsame Freiheit. Heute, wenn wir eine Dressurkür reiten, sieht es zwar manchmal nicht ganz so präzise aus, dafür ist mein Pferd aber lebendig, hoch motiviert und voller Charme, eben eine echte Persönlichkeit. In meinem Leben hat sich übrigens auch etwas verändert: ich lasse mich nicht mehr vor jeden Karren spannen, tanze ab und zu aus der Reihe und bin manchmal für andere unbequem - dafür aber viel zufriedener und glücklicher.»

Die gemeinsame Wachstumschance

Wie die Geschichte von Jeanette zeigt, kann das Pferd zum «Entwicklungshelfer» der menschlichen Persönlichkeit werden. Auf diesem Wege entwickelt sich der Mensch zu der Persönlichkeit, die er eigentlich ist. Dieser Weg der Bewußtwerdung ist nicht nur eine Wachstumschance für uns Menschen, auch die Pferde erhalten so die Möglichkeit der Entfaltung. Wenn Sie das nächste Mal einen Pferdestall betreten, nehmen Sie sich bitte ein paar Minuten Zeit. Betrachten Sie jedes der Pferde eingehend und schauen Sie ihm in die Augen. Spüren Sie einen Unterschied? Welche Pferde sind voll im Leben, haben große, glänzende Augen voller Interesse und Lebensfreude und welche Pferde wirken resigniert, haben einen leeren, toten Blick? Spüren Sie nun, daß unser Weg zu mehr Bewußtheit im Umgang mit uns selbst, unsere Persönlichkeitsentwicklung auch für die Pferde die Rettung aus der Trostlosigkeit beinhaltet? Und umgekehrt, alles, was wir im Sinne der Pferde tun, unser eigenes Leben bereichert?

«Denn wenn man was liebt,
was man eigentlich kaum bekommen kann,
was unerreichbar fern erscheint,
wird man ein Stück traurig.
Wird man ein Träumer.
Oder man wird ein Radikaler.
Oder,
ein radikaler Verwirklicher seiner Träume.»

Susanne Zühlke

Das Gesetz des Denkens

Jeder Gedanke ist freigesetzte Energie. Nach den physikalischen Gesetzen geht Energie nie verloren, sie wird nur umgewandelt.

Unsere dominanten Gedanken drängen zur Verwirklichung, wollen sich in Leben ausdrücken. Daher ist es ratsam, das zu denken, was man haben möchte. Negative Gedanken schaffen negative Ursachen, positive Gedanken schaffen positive Ursachen. Energie folgt der Aufmerksamkeit.

Was rote Autos mit Ihnen und Ihrem Pferd zu tun haben

Stellen Sie sich bitte vor, Sie möchten sich ein rotes Auto einer ganz bestimmten Automarke kaufen. Dies ist Ihr größter Wunschtraum. Folgendes wird hierauf passieren: Plötzlich scheint es überall genau diese Autos zu geben. Mit gehäufter Regelmäßigkeit sehen Sie diese Autos geparkt, im Straßenverkehr, in Zeitschriften oder im Fernsehen. Die Welt scheint voll davon zu sein. Tatsächlich aber ist es so, daß die Anzahl der Fahrzeuge die gleiche geblieben ist. Durch die Energie Ihrer fortwährenden Gedanken daran sind Sie jedoch zum einen extrem resonanzfähig und zum anderen stark auf diesen Autotyp fixiert. Ihre Wahrnehmung hat sich verändert – nicht die Realität.

Der erste Schritt also ist eine veränderte Wahrnehmung, der zweite Schritt ist beeindruckend. Die Energie Ihrer fortwährenden Gedanken wird schließlich die Realität verändern. Das heißt, die Energie, die Sie in den Wunsch, ein derartiges Auto zu besitzen, hineingeben, wird früher oder später dazu führen, daß Sie es besitzen werden, vorausgesetzt, Sie können es sich wirklich vorstellen und daran glauben. Je intensiver Sie es sich vorstellen und wünschen, desto mehr Gedankenenergie wird darauf gerichtet. Bewußt aber auch unbewußt werden Sie alles daran setzen, diesen Wunsch Wirklichkeit werden zu lassen.

Ein Bekannter erzählte mir, daß er früher wie besessen von

dem Wunsch war, eine Corvette zu besitzen. Die Corvette war für ihn der Inbegriff von Reichtum und Anerkennung. Er stammte aus einer unterprivilegierten Arbeiterfamilie, die Eltern waren dem Alkohol verfallen. Mit Vehemenz und Ehrgeiz avancierte er vom Schreinerlehrling zum Verkäufer, dann zum hochdotierten Manager, ständig beseelt und beflügelt von dem Wunsch eine Corvette zu besitzen. Heute steht seine Corvette schon viele Jahre in der Garage und erinnert ihn an die Zeit des Durchkämpfens, und nicht zuletzt an die Wirksamkeit der Gedankenenergie.

Die Macht der Vorstellungskraft, oder wie man in einer Regenpfütze ertrinkt

Ich möchte Ihnen die wahre Geschichte eines Mannes erzählen, dessen Vorstellung und Erwartungshaltung stark fixiert waren. Es verfolgte ihn stets die Angst, er könne ertrinken. Deshalb nahm er nie eine Fähre, ging nie zum Schwimmen und mied konsequent die Nähe von Flüssen und Seen. Durch seine fortwährenden Bemühungen Wasser zu meiden, richtete er sehr viel Energie auf die Vorstellung des Ertrinkens. Dieser Mann nahm trotz aller Bemühungen ein tragisches Ende. Er fiel betrunken mit dem Gesicht in eine Pfütze und – ja richtig, er ertrank!

Unsere Gedanken und unsere Vorstellungskraft sind große Kräfte. Sie beeinflussen unsere Wahrnehmung und unsere Realität.

Worauf richten Sie Ihren Blick bei Ihrem Pferd?

Stellen Sie sich bitte vor, Sie gehen in den Stall und besuchen Ihr Pferd.

Welcher Gedanke kommt Ihnen als allererster in den Sinn? Was nehmen Sie zuerst wahr? Vielleicht, daß sich Ihr Pferd im Mist gewälzt hat? Die unordentliche Stallgasse? Wie begrüßen Sie Ihr Pferd? Was sticht Ihnen dabei zuerst ins Auge? Ist es zu dick oder zu dünn? Schauen Sie zuerst auf die Beine Ihres Pferdes, ob sie vielleicht wieder dick sind? Gehen Sie vielleicht schon mit der Erwartungshaltung in den Stall, daß sicherlich wieder irgendeine Katastrophe dort auf Sie wartet? Worauf richten Sie Ihre Gedankenenergie? Denken Sie an Mängel oder Unzulänglichkeiten?

Wie wir inzwischen wissen, zeigen negative Gedanken negative Wirkungen in unserem Leben. Bemühen Sie sich, immer stärker positive Gedanken zu pflegen und lassen Sie negative los.

Die Werte auf der Habenseite

Fangen Sie am besten gleich bei Ihrem Pferd an. Nehmen Sie sich vor, vielleicht versuchsweise mal für vier Wochen, nur mit positiven Gedanken an Ihr Pferd heranzugehen. Richten Sie Ihren Blick auf seine Qualitäten. Konzentrieren Sie sich auf das, was an Ihrem Pferd wunderbar ist. Mit etwas gutem Willen ist das sicher zu bewerkstelligen. Beachten Sie seine Einzigartigkeit, seine ganz persönlichen, typischen Merkmale, die so liebenswert an ihm sind, vielleicht sein besonderer Ausdruck in den Augen, sein feines Profil, seine stattliche oder zierliche Erscheinung, sein erwartungsvoller Blick, wenn es Sie wahrnimmt, seine stolze Aufrichtung, wenn etwas Neues sein Interesse weckt – die Liste ließe sich endlos fortsetzen.

In jedem Pferd steckt eine einzigartige Persönlichkeit. Öffnen Sie sich dem Wunderbaren und Besonderen.

Betrachten Sie Ihr Pferd einmal nicht mit den Augen des Kritikers, sondern mit dem liebevollen Blick einer stolzen Mutter auf ihren Sprößling.

Denn Energie folgt der Aufmerksamkeit. Alles, worauf Sie Ihre Energie richten, wird wachsen. Konzentrieren Sie sich auf die positiven Eigenschaften Ihres Pferdes, und sie werden zunehmend gedeihen. Nach den vier Wochen wird es für Sie bestimmt selbstverständlich sein, mit liebevollen, positiven Gedanken zu Ihrem Pferd zu gehen, denn Sie selbst werden davon am meisten profitiert haben. Sehr schnell werden Sie eine zunehmende Zufriedenheit an sich selbst wahrnehmen und eine beglückendere Beziehung zu Ihrem Pferd spüren. Je bewußter Sie Ihr Pferd und sich selbst betrachten, desto klarer wird Ihnen, welche Botschaft in dieser Beziehung liegt, welche Aufgabe es zu lösen gilt, worin der Schlüssel zu Ihrem persönlichen Lebensglück liegt.

Auch ich mußte erst lernen, in «Bon Jour» ein einzigartiges, wundervolles Geschöpf zu sehen. Zu Beginn unseres Zusammenseins konfrontierte er mich mit einer Vielzahl von Herausforderungen, wie «Headshaking», Hysterie, Zungenfehler, passivem Widerstand und undurchdringbarer Verschlossenheit, dazu kam noch eine chronische Atemwegserkrankung. Es gab Momente, da war ich zutiefst deprimiert und verzweifelt, doch mein innerstes Gefühl glaubte an dieses Pferd, fühlte, daß in ihm ein «Traumpferd» verborgen war. Ich mußte nur die Zauberformel finden, die ihn aus seiner inneren Verbannung erlöste. So zog ich los, wie einst die Ritter um den heiligen Gral zu finden, und mußte mich wie sie, vielen Prüfungen stellen und so manchen Drachen dabei töten. Überholte Denkmuster und Glaubenssätze, negatives Denken, Ehrgeiz, Geltungsbedürfnis, Jähzorn und Selbstzweifel waren einige der Drachen, die ich auf diesem Weg besiegen mußte. Die Zauberformel fand ich schließlich auch: Liebe – Glaube – Vertrauen – Zuversicht und Hingabe. Mit Hilfe dieser Zauberformel fiel alles Negative von «Bon Jour» ab. Selbst das, was von vielen Fachleuten als unheilbar bezeichnet wird.

Das Gesetz der Polarität

In einem holistischen (ganzheitlichen) System ist alles, was ist, polar angelegt. Das heißt, es existiert zu jedem Pol ein Gegenpol. Pol und Gegenpol sind jedoch nur zwei Aspekte des einen Ganzen. Sie können sich das vorstellen wie eine Türe mit zwei Aufschriften. Auf der einen Türseite steht «Eingang», auf der anderen «Ausgang». Es hängt nun davon ab, von welcher Seite wir diese Türe betrachten. Beide Aspekte sind darin enthalten.

Gehen wir nun einen Schritt weiter und betrachten andere Gegensatzpaare wie hell und dunkel, gut und böse, so wird uns erst die Tragweite dieser Aussage bewußt. «Da wo Licht ist, ist auch Schatten», «selten ein Schaden ohne Nutzen», «Wahnsinn und Genie gehen Hand in Hand», «Das Gute wächst auf dem Sockel des Bösen» sind Sprichwörter aus dem Volksmund, welche die Polarität unseres Lebens beschreiben. Pol und Gegenpol sind also gleichzeitig vorhanden, und allein der Blickwinkel entscheidet darüber, welchen Pol wir wahrnehmen. Wir nehmen den Pol wahr, auf den wir unsere Aufmerksamkeit, das heißt unsere Energie richten.

Im polaren Aspekt sind also unsere größten Schwächen unsere größten Stärken. Ändert sich unser Blickwinkel, unsere Einstellung, sind wir in der Lage, den anderen Pol wahrzunehmen.

Eine seiner größten Stärken ist es, mir meine eigenen Schwächen bewußt zu machen.

Die positiven und negativen Eigenschaften

In unserem Denken gehen wir meist davon aus, daß wir mit Fähigkeiten und Schwächen von Leben ausstaffiert wurden und uns nur in diesem Rahmen bewegen können. Diesen Irrglauben können Sie nun beruhigt beiseite legen.

Machen wir doch eine kleine Aufstellung Ihrer vermeintlichen positiven und negativen Eigenschaften. Tragen Sie bitte in die Tabelle spontan, ohne groß nachzudenken, Eigenschaften ein, die Sie an sich für positiv oder negativ halten. Je Eigenschaft nehmen Sie hierfür eine Zeile, das heißt, der Raum in der anderen Spalte bleibt dabei frei.

Meine positiven Eigenschaften:	**Meine negativen Eigenschaften:**
Fleiß	*Faulheit*
Kompromißbereitschaft	*Eigensinn*

Nehmen Sie jetzt bitte einen andersfarbigen Stift und ergänzen den Gegenpol. Nun zeigen sich in Ihrer Aufstellung Gegensatzpaare. Können Sie sich vorstellen, daß auch diese andersfarbigen Eigenschaften in Ihnen vorhanden sind? Greifen

Sie sich eine negative Eigenschaft heraus und betrachten Sie ihren Gegenpol. Lassen Sie diese positive Eigenschaft auf sich wirken und horchen Sie in sich hinein. Gab es nicht schon einmal Situationen in Ihrem Leben, in denen Sie genau diese Eigenschaft zeigten?

Machen Sie sich bewußt, daß dies selbstverständlich auch für Ihr Pferd gilt. Legen Sie bitte auch für Ihr Pferd eine entsprechende Liste der positiven und negativen Eigenschaften an.

Positive Eigenschaften meines Pferdes:	**Negative Eigenschaften meines Pferds:**
Mut	*scheut vor unbekannten Objekten*
Geht behutsam mit Menschen um	*beißt nach Menschen*

Gehen wir nun noch einmal zurück zu Ihrer Aufstellung über Ihre eigenen Eigenschaften und denen Ihres Pferdes. In dieser Liste fanden Sie übereinstimmende und gegensätzliche Wesensmerkmale. Gehen wir vom Gesetz der Polarität aus, so tragen wir zu unseren charakteristischen Eigenschaften gleichzeitig auch deren Gegenteil, den polaren Aspekt, in uns. Das, was sich als für uns typisch darstellt, ist nur die Eigenschaft, die stärker gefördert wurde, in uns vorhanden ist auch ihr Gegenteil.

Gerhard, meine erste große Liebe, war damals 20 Jahre alt. Er hatte die Schule hingeschmissen und zwei Berufsausbildungen ohne Abschluß abgebrochen, und er war jemand, der möglichst den Weg des geringsten Widerstandes ging. Das Geldverdienen war eben ein leidiges Übel, und mit Arbeit konnte man sich den ganzen Tag verderben. Er verfügte damals über kein Durchhaltevermögen und war alles andere als ehrgeizig. Irgendwann faßte er den Entschluß, Lehrer zu werden. Von allen belächelt begann er neben seinem Job mit der Abendschule. Es wurden Wetten abgeschlossen, wie lange er das wohl durchhalten würde. Längstens vielleicht vier Wochen wurde vermutet. Doch plötzlich war alles andere für Gerhard unwichtig. Abends, wenn alle anderen in der Kneipe waren, saß er in der Schule und paukte bis in die Nacht hinein. Nach Abschluß der mittleren Reife machte er per Fernkurs sein Abitur nach! Danach folgte sein Lehramtsstudium. Er hat alles in allem über zehn Jahre durchgehalten! Keine Mühe war zu groß, keine Anstrengung und Entbehrung zu viel. Er trug immer schon beide Eigenschaften in sich: Bequemlichkeit und Durchhaltevermögen.

Welche Eigenschaft sich nach außen hin zeigt, hängt von vielen Faktoren ab und kann sich jederzeit in ihr Gegenteil verwandeln.

Machen Sie sich bewußt, daß alle Qualitäten und Eigenschaften, gute und schlechte, in Ihnen und Ihrem Pferd vorhanden sind. Was sich nach außen hin zeigt, ist nur eine Momentaufnahme und jederzeit veränderbar. Und unsere Einschätzung ist nur für den gegenwärtigen Moment von Gültigkeit.

Zeigen sich nun Parallelen zwischen Ihnen und Ihrem Pferd, könnte man sagen, das Pferd hält Ihnen den Spiegel vor. Handelt es sich dabei um wünschenswerte Eigenschaften, so können Sie sich geschmeichelt fühlen, und das Gefühl der Übereinstimmung mit Ihrem Pferd ist beglückend. Handelt es sich aber um Eigenschaften, die Sie an sich selbst nicht schätzen, so ist die Spiegelung durch Ihr Pferd ein sehr provokativer und schmerzhafter Vorgang. Denn das, was man an sich selbst nicht mag, das haßt man in der Regel auch bei anderen. Gut möglich, daß Sie diese besagte Eigenschaft an Ihrem Pferd hin und wieder vollkommen aus der Fassung bringt.

Monika kam vor einigen Monaten auf mich zu und fragte mich um Rat, weil ihr Pferd Lara so faul sei. Nicht mit Gerte, nicht mit Sporen sei sie von der Stelle zu bewegen. Als ich mir Lara näher ansah, wurde mir klar, die verkörperte «Staatstrauer» stand vor mir. Teilnahmslos mit hängendem Kopf und geschlossenen Augen stand Lara in der Halle. Dieses Pferd hatte mit uns Menschen längst abgeschlossen, und mir fiel ein Gedicht von Rainer Maria Rilke ein:

Der Panther

Sein Blick ist vom Vorübergehn der Stäbe
so müd geworden, daß er nichts mehr hält.
Ihm ist, als ob es tausend Stäbe gäbe
und hinter tausend Stäben keine Welt.

Der weiche Gang geschmeidig starker Schritte,
der sich im allerkleinsten Kreise dreht,
ist wie ein Tanz von Kraft um eine Mitte,
in der betäubt ein großer Wille steht.

Nur manchmal schiebt der Vorhang der Pupille
sich lautlos auf – dann geht ein Bild hinein,
geht durch die Glieder angespannte Stille –
und hört im Herzen auf zu sein.

Monika erzählte mir, daß sie dieser Zustand an Lara so deprimiert und wütend macht, daß sie nicht weiß, sollte sie weinen oder zuschlagen. Ich möchte hier anmerken, daß es nicht Monikas Werk war, welches Lara in diesen Zustand versetzte. Monika hatte das Pferd so gekauft, ja, sie hat genau dieses Pferd haben wollen! Im Laufe unserer Arbeit zu dritt kristallisierte sich immer mehr heraus, daß Monika ihrerseits sehr oft der eigenen Trägheit zum Opfer fiel. Sie suchte Erfolge, ohne Mühen auf sich nehmen zu wollen und war wie Lara zeitweise von einer Art Energie- und Leblosigkeit befallen. Gelang es diese Leblosigkeit zu durchbrechen, taute Monika auf, fing an zu lachen, ihr ganzes Gesicht strahlte, und ihre Augen begannen zu leuchten. Arbeitete sie in dieser Stimmung mit Lara, taute auch das Pferd auf. Im Spiel begannen beide lebendig zu werden. Mir schien es so, als haben diese beiden sich zu einem Pakt zusammengefunden, um gemeinsam am gleichen Problem zu

arbeiten und es zu lösen. Monikas Erfolg oder Mißerfolg im Kampf gegen die eigene Trägheit spiegelt sich unmittelbar in Laras Ausdruck wider. Einen besseren Partner zur Problemlösung hätte sich Monika nicht wünschen können.
Als ich Freunde in einem Reitstall besuchte und mich mit ihnen in der Stallgasse unterhielt, wurde ich von einem wunderschönen, etwas vorwitzigen Wallach gestupst und geknuddelt. Er war dabei ganz sanft und verspielt. Er wollte einfach beachtet werden und versuchte, dies mit sanftem Nachdruck zu erreichen. Ging ich einen Schritt weg von ihm, außer Reichweite, machte er Faxen, schüttelte den Kopf, verdrehte die Augen und flehmte. Wir amüsierten uns sehr über dieses Pferd. Nach einiger Zeit kam die Besitzerin zögerlich auf uns zu. Sie hatte das Treiben ihres Pferdes wohl schon eine ganze Weile beobachtet, scheute sich aber davor, in die Szenerie einzugreifen. Etwas unsicher entschuldigte sie sich für ihr Pferd und meinte: «Der Spruch: 'Wie der Herr, so's Gscherr' (bayerische Redewendung, zu deutsch: Wie der Herr so sein Gesinde und bedeutet so viel wie: das Umfeld eines Menschen entspricht dessen wesentlichen Eigenschaften) trifft bei mir und meinem Pferd wohl nicht zu. Ich weiß gar nicht, woher er diese aufdringliche Art hat.» Mit einem schüchternen Lächeln und den Blick auf den Boden gerichtet erklärte sie weiter: «Das müssen wohl meine ungelebten Persönlichkeitsanteile sein.» – Ich hätte am liebsten «Bingo!» gerufen. Sie hat es ganz richtig erkannt! In puncto Kontaktfreudigkeit, Selbstbewußtsein und Komik kann sie sicher von ihrem Pferd lernen. Doch anstatt sich für das Verhalten ihres Pferdes zu entschuldigen, sollte sie ihm besser danken. Solche bisher ungelebten Persönlichkeitsanteile wollen ans Tageslicht. Ihr Pferd zeigt es ihr täglich, wie lustig und lebendig es sein kann, auf andere zuzugehen. Von einem gelegentlichen Nasenstüber von Menschen, die für derartige «Anmache» nicht zu begeistern sind, läßt sich der Wallach auch nicht entmutigen. Manchmal abgewiesen zu werden gehört eben auch dazu.

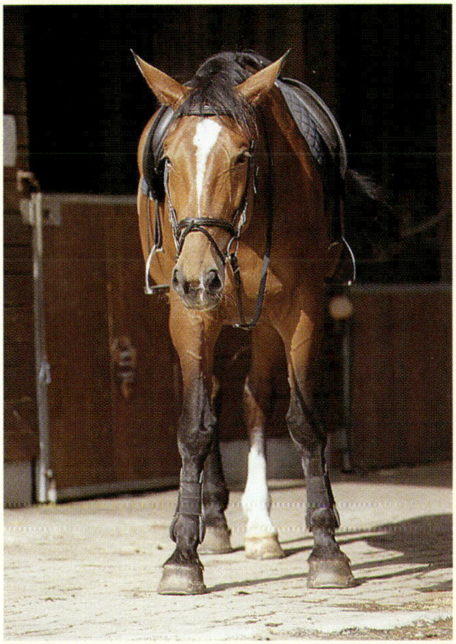

Die Macht der positiven Verstärkung

Linkes Foto: Hier flüstere ich «Bon Jour» gerade, daß er ein ganz wundervolles, großartiges, starkes und stolzes Pferd ist.
Rechtes Foto: Minuten später zeigt er mir schon, daß ich damit recht hatte.

Wie wir inzwischen wissen, folgt Energie der Aufmerksamkeit. Das, worauf wir unsere Energie richten, wird wachsen. Werden Sie nun zum liebevollen Gärtner und versorgen Sie die Pflanzen mit Wasser, die Sie gerne in Ihrem Garten sehen und hören Sie auf, das Unkraut zu gießen! Richten Sie Ihre Aufmerksamkeit auf gewünschte Eigenschaften. Lob und Anerkennung sind der Nährboden, auf dem sie gedeihen. Lassen Sie keine Gelegenheit aus, an sich und an Ihrem Pferd das anzuerkennen, was wünschenswert ist. Sprechen Sie von sich und Ihrem Pferd positiv. Worte sind nichts anderes als in Schallwellen umgewandelte Gedankenenergie. Gehen Sie deshalb behutsam mit ihnen um.

Sie werden jetzt vielleicht denken, wie soll ich was anerkennen, das sich ja gar nicht zeigt? Wie soll ich mein Pferd loben, wenn es mir nur seine Untugenden präsentiert? Es mag für Sie verwirrend klingen - wenn sich die gewünschten Eigenschaften nicht einmal im Keim zeigen, dann nehmen Sie sie einfach vorweg. Ja, tun Sie so, als seien diese wünschenswerten Eigenschaften Ihres Pferdes bereits sichtbar.

Am Anfang waren der Gedanke und das Bild

Wie würden Sie daran gehen, ein Haus zu bauen? Stellen Sie sich vor, die Finanzierung steht. Sie haben ein riesiges Grundstück, und es geht jetzt nur noch um das Haus. Richtig, Sie werden sich Gedanken darüber machen, wie es aussehen soll. Vielleicht werden Sie sich in Katalogen oder in der Nachbarschaft Häuser ansehen und sich inspirieren lassen. Möglicherweise haben Sie bereits eine bildliche Vorstellung Ihres Traumhauses in Ihrer Phantasie. Je genauer nun Ihre Vorstellung ist, das innere Bild, das Sie von Ihrem zukünftigen Haus haben, desto einfacher wird es sein, Ihr Traumhaus zu verwirklichen. Vom Grobentwurf bis in die kleinsten Details, zur Innenausstattung und der Gartengestaltung. Diese Vorgehensweise erscheint Ihnen logisch oder? Wenn es darum geht, negative Eigenschaften in positive zu verwandeln, passiert leider oft etwas ganz anderes. Wir jammern und lamentieren und sprechen pausenlos über das, was wir nicht wollen.

Möchten wir Eigenschaften an uns oder an unserem Pferd entwickeln, die wünschenswert sind, sich aber leider bisher nur im polaren Aspekt gezeigt haben, brauchen Sie zuallererst den Glauben daran, daß diese Eigenschaften latent bereits vorhanden sind. Dann gehen Sie daran, eine detaillierte bildliche Vorstellung vom erwünschten Zustand zu kreieren. Lassen Sie Ihrer Vorstellungkraft und Phantasie freien Lauf. Nur das, was Sie sich vorstellen können, kann auch Wirklichkeit werden. Sie werden erstaunt sein, wie gut das funktioniert. Zwar können Sie aus einem Kaltblut kein Rennpferd machen, aber ansonsten sind Ihnen nahezu keine Grenzen gesetzt.

Welche Eigenschaften möchten Sie in Ihrem Pferd entwickeln?

Zum Beispiel: schwungvollere Bewegungen, mehr Gelassenheit im Gelände ...

Wunscherfüllungsmeditation

«Die größte Offenbarung ist die Stille.» (Laotse)

Die nachfolgende Meditation wird Ihre Vorstellungskraft unterstützen. Falls Sie alleine mit diesem Buch arbeiten, empfiehlt es sich, diese Meditation auf eine Kassette zu sprechen. Sprechen Sie dabei langsam und lassen Sie bei den «...» ca. 15 Sekunden Pause. Ansonsten bitten Sie einen Freund oder Bekannten, Ihnen diese Meditation vorzulesen.

In dieser Meditation geht es um die Erfüllung eines Wunsches im Bezug auf Ihr Pferd. Welchen Wunsch möchten Sie gerne erfüllt haben? Vielleicht eine erfüllende Beziehung, bessere Gesundheit, ... horchen Sie in sich hinein, was Ihnen im Moment am allerwichtigsten ist.

Mein dringlichster Wunsch

- Wählen Sie einen angenehmen Ort, wo Sie aller Voraussicht nach ungestört sein werden.
- Lockern Sie enganliegende Kleidung oder ziehen Sie sich einen Jogginganzug oder ähnliches an.
- Falls es kühl sein sollte, decken Sie sich zu.
- Wenn Sie im Liegen meditieren, suchen Sie sich eine angenehme Unterlage, legen Sie sich auf eine Couch, ein Bett oder auf eine Isomatte.
- Neigen Sie beim Entspannen zum Einschlafen, meditieren Sie lieber im Sitzen auf einem Stuhl. Nehmen Sie dabei eine aufrechte Sitzhaltung ein, lehnen Sie sich an der Rückenlehne an, die Füße etwa schulterbreit fest auf dem Boden, die Hände legen Sie locker, mit der Handfläche nach oben zeigend auf die Oberschenkel.
- Entspanntsein kann man nicht willentlich erzwingen. Entspannen Sie sich einfach, so gut es eben im Moment geht. Je öfter Sie Entspannungsübungen machen, desto leichter wird es Ihnen fallen.
- Im Laufe dieser kleinen Meditation werden Ihre Gedanken immer mal wieder abschweifen. Das macht nichts. Stellen Sie sich vor, Ihre Gedanken seien wie Wolken am Himmel, lassen Sie sie einfach ziehen, und versuchen Sie der Meditation wieder zu folgen.
- Störende Geräusche oder andere Unannehmlichkeiten können Sie auf gleiche Weise «entschärfen».
- Manchmal kommt es vor, daß, gerade wenn wir entspannen,unser Unterbewußtsein uns plötzlich an irgendwelche unerledigten Pflichten erinnert. Ärgern Sie sich nicht darüber, bedanken Sie sich bei Ihrem Unterbewußtsein, daß es Sie daran erinnert hat und versichern Sie ihm, daß Sie sich nach der Meditation darum kümmern werden.
- Sie brauchen beim Meditieren nichts erreichen oder leisten, genießen Sie einfach und lassen Sie sich treiben, so gut es eben momentan geht.

Falls Sie bisher noch keine Erfahrung mit Meditationen haben, hier einige Tips:

Wählen Sie sich einen angenehmen Ort, an dem Sie für ca. 15 Minuten ungestört sind. Machen Sie es sich so bequem wie möglich, wenn es Ihnen angenehm ist, hören Sie leise Meditationsmusik oder ruhige klassische Musik.

Lenke deine Aufmerksamkeit auf deinen Atem. ... Du atmest langsam und ruhig ... Bei jedem Ausatmen spürst du, wie Anspannung deinen Körper verläßt ... Du sinkst tiefer und tiefer in deine Unterlage ... Du fühlst die angenehme Schwere deines Körpers ... Richte nun deine Aufmerksamkeit auf deine Beine ... bei jedem Ausatmen spürst du, wie alle Anspannung deine Beine verläßt ... Du atmest jede Anspannung aus. ... Völlig entspannt und schwer ruhen deine Beine auf ihrer Unterlage ... Lasse nun deine Aufmerksamkeit in den Bauch wandern ... Mit jedem Ausatmen fühlst du die wachsende Entspannung in deinem Bauch ... Dein Rücken liegt schwer auf der Unterlage ... Vollkommen mühelos hebt und senkt sich dein Brustkorb ... Auch deine Schultern, Arme und Hände werden durch den Entspannungsstrom deines Atems völlig entspannt. ... Angenehme Ruhe breitet sich in dir aus ... Lenke die Aufmerksamkeit nun auf dein Gesicht... Deine Gesichtsmuskeln entspannen sich und erlauben dem Mund, sich etwas zu öffnen ... Mit jedem Atemzug entspannt der Entspannungsstrom deines Atems deinen ganzen Körper ...
Stelle dir nun einen wundervollen leuchtenden Kristall über deinem Kopf vor ... Während der Kristall langsam zu dir niedersinkt, hüllt dich sein wundervolles weißes Licht ein ...Fühle, wie das Licht deinen Körper umgibt ... Dein Körper öffnet sich am Scheitel diesem wundervollen Kristall ... Du nimmst diesen wundervollen Kristall in dir auf und erlaubst diesem Licht, deinen Körper auszufüllen, bis alle Gewebe und Organe sich mit diesem Licht aufgeladen haben. ... Dein Körper erstrahlt von diesem wunderbaren Licht. ... Jede Zelle deines Körpers badet in Licht. ...
Nimm nochmals einen tiefen Atemzug und genieße das Gefühl von Ruhe und Leichtigkeit, während sich dein Körper weiter entspannt....
Während dein Körper nun völlig entspannt ist, läßt du deine Gedanken zu deinem Pferd schweifen ... Du erinnerst dich an einen Moment, in dem du sehr glücklich mit deinem Pferd warst. ...(warten) ... Schon steigt dieses wunderbare Glücksgefühl wieder in dir auf ... Ein Gefühl der Freude und Leichtigkeit erfüllt dich ... Spüre, wie ein Gefühl der Liebe dich durchflutet ... Steigere die Intensität diese Gefühles ... Steigere es weiter, bis der gesamte Raum von einem Gefühl der Liebe, des Lichtes, der Wärme und Freude erfüllt ist. (warten)
Erinnere dich nun an deinen größten Wunsch in Bezug auf dein Pferd. ... Lasse ein Bild davon entstehen ... Lasse ein Gefühl dafür entstehen ... Beobachte jetzt, wie sich dein Wunsch verwirklicht ... Sei es eine beglückende Beziehung

zu deinem Pferd ..., seine körperliche und seelische Gesundheit ..., erreichter Erfolg ... (warten)
... Freude steigt in dir auf. ... Ein liebevolles Gefühl verbreitet sich in deinem Körper ... Es fühlt sich sehr angenehm an ...
... Nimm wahr, wie sich dein Gefühl des Glücks und der Freude zu einem Band verdichtet, das dich mit deinem Pferd verbindet .... Fühle, wie eine neue Beziehung zu deinem Pferd entsteht ... Bade förmlich in dieser von Liebe erfüllten, freudigen Schwingung ...
Beobachte, wie dein Wunsch sich nun zu einem wunderbaren, leuchtenden Kristall formt ... Eingebettet in Licht und Liebe verläßt er deinen Körper und du übergibst deinen Wunsch mit dem damit verbundenen Glücksgefühl an eine höhere Instanz ... Vertraue darauf, daß die Erfüllung deines Wunsches damit in Auftrag gegeben wurde ... Dein Wunsch oder noch viel besseres wird in Erfüllung gehen ...

Während du beobachtest, wie der leuchtende Kristall davonschwebt, durchflutet dich ein großes Gefühl der Dankbarkeit und des sicheren Vertrauens ... (warten)
Richte nun deine Aufmerksamkeit wieder auf deinen Atem .... Deine Atemzüge sind tief und ruhig .... Du fühlst dich sehr wohl ... Mit jedem Atemzug kommt frische Energie in deinen Körper ... Diese frische Energie belebt alle Zellen deines Körpers .... Du fühlst, wie Energie deinen Körper durchflutet ... Du folgst dem Impuls, dich zu bewegen ... du beginnst dich zu räkeln ... und bewegst deine Arme und Beine ... Während du zunehmend munterer wirst, spürst du, wie frisch und erholt sich dein Körper anfühlt ... Du fühlst dich sehr gut und erfrischt ... Mit dem Öffnen Deiner Augen kehrst du nun wieder zurück in die Realität.

«Es ist nie zu spät, eine glückliche Vergangenheit zu haben.»

DIETER HÖRNER

FRIEDEN SCHLIESSEN MIT DER VERGANGENHEIT

Die Zeitspur, ein chronologischer Abriß 96

Die Vergangenheit bestimmt nicht die Zukunft 105

Kontrolldramen – Überlebensstrategien aus der Vergangenheit 107

Chakras – unsere Energiezentren im Körper 124

Meditation «Das innere Lächeln» 128

Frieden schließen mit der Vergangenheit

Wir alle sind keine unbeschriebenen Blätter. Im Laufe unseres Lebens haben wir viele Erfahrungen, gute und schlechte, gemacht. Schon die Erfahrungen im Mutterleib haben einen prägenden Eindruck hinterlassen. Zwischenmenschliche Beziehungen, Erziehung, Schulzeit, Berufsleben, alles, was uns widerfahren ist, hat Spuren hinterlassen, hat uns zu der Persönlichkeit geformt, die wir heute sind.

Vielleicht beschleicht Sie nun ein wehmütiges Gefühl, Wut oder Trauer, wenn Sie an Ihre ehemals unbefleckte Kinderseele denken und an das, was Ihnen an Kummer, Schmerz, Leid und anderen negativen Gefühlen später in Ihrem Leben widerfahren ist. Vieles aus dieser Zeit ist uns heute ein Hindernis. Zweifel und Ängste, aber auch alte, überholte Denkmuster, die unser Verhalten heute noch beeinflussen, hindern uns daran, uns als freie, gelassene, selbstsichere, glückliche Menschen zu fühlen.

«Es ist nie zu spät, eine glückliche Vergangenheit zu haben», sagt Dieter Hörner, ein erfolgreicher Persönlichkeitstrainer. Das klingt erst einmal sehr widersprüchlich und verwirrend, vielleicht auch zynisch. Gemeint ist damit, daß wir die Vergangenheit zwar nicht mehr verändern können, aber sehr wohl unsere Einstellung dazu.

M.R. Kopmeyer, ein erfolgreicher Geschäftsmann und Buchautor schrieb: «Nicht das, was uns widerfährt ist schlimm, sondern das, was wir darüber denken.»

Die Zeitspur, ein chronologischer Abriß

Stellen Sie sich nun vor, Sie seien ein neutraler Berichterstatter, der über Ihr Leben ein Buch schreibt.

Der Berichterstatter fängt an, in chronologischer Reihenfolge die wichtigsten, prägenden Erlebnisse zu notieren. In Stichpunkten wird so Ihr ganzes bisheriges Leben festgehalten. Wenn Sie jetzt Lust verspüren, in Stichpunkten Ihr Leben zu notieren, so tun Sie es.

Da dieses Buch der Faszination der Pferde gewidmet ist, möchte ich Sie auf jeden Fall bitten, diesen chronologischen Abriß in Bezug auf Ihre Erfahrungen mit Pferden oder speziell den Erfahrungen mit einem Pferd, zu erstellen. Notieren Sie bitte, wie in der Skizze angegeben, den ungefähren Zeitpunkt, das Ereignis und, ganz wichtig, was das für Sie damals bedeutet hat. Sollte der Platz nicht ausreichen, nehmen Sie bitte ein gesondertes Blatt.

Ihre Zeitspur mit Pferden

Zeit	Ereignis	Bedeutung für mich

Um Ihnen die Erstellung Ihrer eigenen Zeitspur etwas zu erleichtern, möchte ich Ihnen anhand eines Abschnittes aus der Zeitspur einer Teilnehmerin zeigen, wie so eine Zeitspur aussehen kann:

Zeit	Ereignis	Bedeutung für mich
1971	*Anfänge im Ponyreitstall, jede freie Minute geopfert, hart gearbeitet*	*erste Erfolgserlebnisse, endlich wer sein, zuhause keine* ***Anerkennung*** *bekommen.*
1974	*Reitschule*	***Ehrgeiz****, besser als alle anderen sein wollen, um die* ***Anerkennung*** *des Reitlehrers kämpfen, möchte Turniere reiten aber meine Eltern setzen sich nicht für mich ein. Reiten ist für mich sehr wichtig, denn es ist die einzige Nische, in der ich ein Erfolgsgefühl habe. In der Schule bin ich schlecht und fühle mich minderwertig.*
1978	*Reitlehrerwechsel*	*Der neue Reitlehrer verachtet uns kleine Reitschüler, trotz größter Anstrengung kann ich von ihm keine* ***Anerkennung*** *bekommen. Ich verliere die Lust und gebe das Reiten auf.*
1980	*erste Reitbeteiligung*	*Schwieriges Pferd, große* ***Herausforderung****, erneut* ***Kampf um Erfolg und Anerkennung****. Meine Leistung wird nicht anerkannt, das Pferd ist aufgrund einer alten Verletzung nicht mehr reitbar.*
1983	*zweite Reitbeteiligung auf einem turniersauren Springpferd, das als unreitbar gilt*	*Große Pferdeliebe, mit viel Geduld und Hingabe faßt das Pferd zu mir Vertrauen und läßt sich wieder reiten. Ich möchte auf Turniere gehen, da wird das Pferd verkauft. Nach all der Mühe keine* ***Anerkennung****.*
1984	*nächste Reitbeteiligung, unkompliziertes Pferd*	*Es fehlt mir die* ***Herausforderung****, und ich gebe die Reitbeteiligung wieder auf.*
1985	*Berittpferd, Hengst, schwierig*	*Große Pferdeliebe, verstehen uns sofort und gehen durch dick und dünn. Große Turnierambitionen im Bereich Vielseitigkeit. Noch vor dem ersten Turnier kommt es zum Zerwürfnis mit dem Besitzer. Kein Turnier, keine* ***Anerkennung****. Kein Erfolg.*
1987	*Berittpferd, Stute, 12jährig, gilt als unreitbar*	*Suche die* ***Herausforderung****, will beweisen, daß ich dieses Pferd einreiten kann. Statt Beritt bin ich gezwungen das Pferd aufgrund einer großen Operation monatelang zu pflegen. Danach reite ich sie ein, für Turniere ist sie allerdings nicht mehr belastbar genug. Ich beginne umzudenken. Meine Prioritäten ändern sich. Ich beschäftige mich mit der TellingtonMethode, Sally Swift und dem Chiron-Springen. Ein Wendepunkt in meinem Leben.*

Betrachten Sie nun Ihre Zeitspur. Wo waren Ihre Wendepunkte, was war damals das zentrale Thema? In der aufgezeigten Zeitspur war dies zum Beispiel der Kampf um Anerkennung: ein Leitthema dieser Teilnehmerin, nicht nur in

Bezug auf die Pferde. Übrigens geht es in dieser Zeitspur ganz interessant weiter: sie kehrte der Turnierreiterei den Rücken und wurde Hippotherapeutin. Sobald sie aufhörte, um Anerkennung erbittert zu kämpfen, stellte sich zunehmend Erfolg ein – nur eben auf einem anderen Gebiet.

Unterstreichen Sie Erfahrungen oder Gefühle, die sich in Ihrem Leben wiederholt haben. Gibt es einen «roten Faden»? Worum ging es tatsächlich? Welche Erkenntnisse haben Sie daraus gewonnen?

Der «rote Faden» in Ihrer Zeitspur

Wichtige Erfahrung	Meine Erkenntnis daraus

Rückblickend auf Ihre eigene Lebensgeschichte, aus der Sicht des neutralen Berichterstatters, wird sichtbar, wo Lernprozesse stattgefunden haben, wo äußere Einflüsse zu einem Umdenken gezwungen haben. Vielleicht war es eine Krankheit Ihres Pferdes, die Sie zwang, Ihre Turnierambitionen zu überdenken oder ein schwieriges Pferd, das Ihre bisherigen Vorstellungen vom Umgang mit Pferden auf den Prüfstand stellte? Wo gaben Ihnen die Ereignisse des Lebens grünes Licht? Was hat funktioniert, wo stießen Sie auf Hindernisse?

Erkennen Sie, daß all diese Erfahrungen, angenehme und unangenehme, Wegweiser und Wendepunkte in Ihrem Leben sind. Erkennen Sie, daß alles einen Sinn hat, daß die Ereignisse in Ihrem Leben Sie in eine bestimmte Richtung führen wollen und es immer dann zu Widrigkeiten kommt, wenn Sie sich wie ein störrisches Pferd nicht führen lassen wollen.

Vor kurzem wurde ich Zeuge einer wahrhaften Erkenntnis: Eine ältere Dame kaufte sich nach dem Tod ihres alten Pferdes eine junge Araberstute, ein braves, umgängliches Pferd. Kaum war das Pferd im neuen Stall, wurde es auch gleich ausprobiert. Also aufgesattelt und rein in die Reithalle. Die beiden brachten es immerhin zu einer halben langen Seite im Schritt, dann rastete die Stute aus und beförderte die doch schon etwas betagte Reiterin in hohem Bogen in den Sand. Diese rappelte sich mühsam auf, klopfte sich den Sand vom Hosenboden und sagte zu ihrem Pferd: «Du hast recht, bevor wir mit Reiten anfangen, sollten wir uns erst mal ein bißchen miteinander bekannt machen.» Daraufhin arbeitete sie einige Wochen nur an der Hand mit ihrem Pferd, was ihrem etwas in Mitleidenschaft gezogenen Steißbein sicher sehr guttat, und schaffte so eine gute Basis für die Zusammenarbeit. Das Reiten war danach für die beiden auch kein Problem mehr.

Betrachten Sie die Erkenntnisse aus der Vergangenheit, das, was Sie hat reifen lassen, so schauen Sie auf die echten Lorbeeren, auf das, was Sie wirklich weitergebracht hat. Es ist also nie zu spät, eine glückliche Vergangenheit zu haben – oder?

Alexandra, eine Kursteilnehmerin, schildert hier ihre bisherige Lebensgeschichte mit Pferden und gestattete mir, sie hier in diesem Buch zu veröffentlichen (in Auszügen). Es geht hierbei darum, Zusammenhänge sichtbar werden zu lassen und

Hintergründe zu beleuchten, und nicht darum, ein Urteil zu fällen. Vielleicht wird sich der eine oder andere unter Ihnen von dieser Geschichte ganz persönlich berührt fühlen.

«Mit ca. 8 Jahren begann ich zu reiten. Meine Mutter fing damals an, und dadurch kamen meine beiden Schwestern und auch ich dazu. Zuerst voltigierten wir ca. zwei Jahre lang. Beim Voltigieren gewann ich Vertrauen zum Pferd. Angst hatte ich eigentlich nie vor ihnen. Dann wöchentlich einmal Reitunterricht auf Schulpferden. Später dann auf Esmeralda, dem Pferd des neuen Lebensgefährten meiner Mutter. Esmeralda war ein faules Pferd, aber für damalige Verhältnisse ziemlich gut. Meine ältere Schwester Sonja ritt sie damals ein. Als Sonja dann für höhere Dressur (L,M) ein anderes Pferd zur Verfügung gestellt bekam, durfte ich Esmeralda immer reiten und mit ihr auf Turniere gehen. **Ich war sehr ehrgeizig** und belegte oft vordere und viele erste Plätze in E und A. Beim Trainieren half mir Sonja, allerdings stritt ich sehr viel mit ihr. **Meinen Jähzorn** ließ ich oft an Esmeralda aus, was mir heute sehr sehr leid tut. Sie ließ es sich mit einer Eselsgeduld gefallen. In dem Jahr, in dem sie starb, fing ich gerade mit den ersten L-Dressuren an. Sie starb an Herzstillstand auf der Koppel und wurde nur 14 Jahre alt. Zu dieser Zeit fing ich gerade an, Esmeralda besser zu verstehen und auf sie einzugehen. Ich erkannte, daß sie für mich oft den Prellbock spielen mußte. Ich denke heute noch mit Tränen in den Augen an dieses liebe Tier, das mich Geduld lehrte mit einer schier endlosen Geduld. Das Pferd starb an einem Wendepunkt unserer Beziehung zueinander.
... Irgendwann kaufte meine Mutter «Flocke», eine dreijährige Stute. Eigentlich traute ich mir das Zureiten eines jungen Pferdes nicht zu, versuchte es jedoch trotzdem. Erst ohne Reitlehrer, dann mit mehreren verschiedenen im Laufe der folgenden drei Jahre. Wir hatten große Schwierigkeiten. Sie scheute immer wieder in kriminellster Art und Weise. In der Halle wie im Gelände. Einmal drehte sie sich um und galoppierte mit mir heimwärts. Ich hatte damals das Gefühl, als wäre ich noch nie auf einem Pferd gesessen. Ich konnte sie absolut nicht mehr halten. .... Ich verlor dann die Lust. ... Meine Beweggründe, das Reiten mit Flocke aufzugeben, waren zum einen, daß ich nicht mehr die Lust dazu hatte, mit ihr zu arbeiten, weil ich kein Vorankommen für die Zukunft für uns beide sah. Zum anderen wurde sie immer öfter im Schulbetrieb eingesetzt. Komischerweise machte sie ihre Sache da sehr gut und sie wurde zu einem der begehrtesten Schulpferde. ... Ich glaube nicht, daß ich Angst vor dem Versagen hatte, sondern, daß ich aus meiner Sicht tatsächlich versagt hatte, ein junges Pferd einzureiten. Das, was mir das Pferd nicht geben konnte, denke ich, war – Selbstbestätigung. Die **Selbstbestätigung**, daß ich alles schaffen kann. Diesen Anspruch stellte ich an mich (und tue es auch heute noch).

.... Dann nahm ich die Reitbeteiligung an Ricki an. Im Jahr zuvor beschäftigte ich mich bereits mit ihr. Ich sah Rickis Probleme schon seit langem, und das war auch der Grund, weshalb ich sie Birgit, meiner Freundin, abkaufte, obwohl ich mir das finanziell nicht unbedingt leisten konnte. Mein Mann hat einiges dazu beigesteuert, was ich aber abbezahlt habe. Sie gehört also zu 100% mir. Mein erstes, eigenes Pferd, bei dem mir niemand dreinreden kann. ... Warum ich mich für Ricki entschieden habe? Ich war davon überzeugt, daß ich die Probleme in den Griff bekommen könnte, und daß, wenn Birgit sie behalten hätte, irgendwann ein Unglück passiert wäre. Außerdem wußte ich, daß sie, bis auf den Husten, körperlich gesund war. Meine Hauptaufgabe gegenüber Ricki sehe ich immer noch darin, ihr zu helfen, wieder ein 'sorgenfreies', leichteres Leben ohne Kampf und Widerstand führen zu können. ... Ich konnte einfach nicht mit ansehen wie die beiden miteinander kämpften und kämpften und kämpften. Und ich wollte, wenn ich ehrlich bin, **den anderen im Stall und wohl auch mir selbst beweisen**, daß man solche Probleme bei Pferden beheben kann, und zwar je mehr sie dagegenredeten (Originalwortlaut: 'Ich hätte sie sofort zum Metzger gegeben', als sie sich beim Steigen überschlagen hatte. 'Wenn ein Pferd das Steigen und Durchgehen mal drin hat, wird es das immer wieder tun.') – Ich glaube, daß das für mich ausschlaggebend war. ...»

In einem späteren Brief schrieb mir Alexandra, inzwischen junge Mutter und mit vielen neuen Aufgaben konfrontiert:
«... Nichtsdestotrotz möchte ich dir jetzt erst einmal erzählen, was sich in letzter Zeit mit Ricki getan hat. Ich habe deinen Rat befolgt und bin mit Ricki einige Male zu Fuß spazierengegangen. Sie war dabei sehr brav und ist mir überallhin gefolgt. ... Unter dem Sattel habe ich allerdings immer wieder die gleichen Probleme, daß sie an verschiedenen Stellen einfach nicht weitergehen will. Ich bin dann des öfteren abgestiegen und habe sie vorbeigeführt. Allerdings war es dann schwierig, wieder aufzusteigen, da sie recht unruhig war. ... Wenn ich auf dem Sandplatz reite, stoße ich immer wieder auf das gleiche Problem, daß sie sich links herum kaum biegen will. ... Aber manchmal werde ich **ungeduldig** und gebe ihr unangebrachterweise die Gerte. ... Oft habe ich schlichtweg **keine Lust**, mit ihr zu arbeiten oder auch einfach nur auszureiten, und durch das schlechte Wetter zur Zeit kommt sie leider auch nicht auf die Koppel. ... Meine Mutter hat mir angeboten, sie für zwei oder drei Monate zu sich zu nehmen, damit ich wieder mehr Luft habe. ... Vielleicht findet sich dort unten jemand, der sich liebevoll um sie kümmern wird. Unter dieser Voraussetzung würde ich sie eventuell ganz weggeben. ...»

In Alexandras Schilderung habe ich mir erlaubt, die Elemente hervorzuheben, die meines Erachtens wichtige Hinweise darstellen, worum es denn nun eigentlich geht. Was ist das zentrale Thema?

Es wiederholt sich, daß die Versuche, Anerkennung und Selbstbestätigung durch die Pferde zu erfahren, aus verschiedenen Gründen scheitern. Bei Esmeralda, dem ersten Pferd, als es plötzlich stirbt, bei Flocke, weil das Pferd sich nachhaltig weigert, bei Alexandra zu «funktionieren», und schießlich bei Ricki, deren Probleme sich nicht so leicht «in den Griff kriegen» lassen wie erwartet, und Alexandra so sich und «den anderen im Stall» den Beweis fürs erste schuldig bleiben muß, daß sie diese Untugenden kurieren kann. Fehlschläge führen zu Frustration, und da vergeht einem irgendwann die Lust. Wäre es möglich, daß, wenn es Alexandra gelänge, frei zu werden von dem Anspruch an sich und die Pferde, etwas besonderes leisten zu müssen, um akzeptiert zu werden, daß sich dann eine völlig andere Beziehung zu Ricki aufbauen könnte? Erfolgsdruck belastet jede Beziehung, und wo bleibt da die Freude, die Zwanglosigkeit, der Spaß am gemeinsamen Erleben? Wäre es nicht möglich, daß sich Erfolg erst dann einstellt, wenn die Beziehung zum Pferd auf Freiwilligkeit, Freude, Freundschaft und Dominanz basiert und Erfolg zur Nebensache wird, anstatt das Pferd in den Dienst des eigenen Ehrgeizes zu stellen? Alexandra hat sich mit diesen schwierigen Pferden eine große Herausforderung ausgesucht – nicht der, ein schwieriges Pferd «hinzukriegen», sondern selbst frei zu werden von dem Zwang, sich und anderen etwas beweisen zu müssen. Wäre es nicht vorstellbar, daß, wenn es Alexandra gelänge, sich ihres Eigenwertes bewußt zu werden und zu verinnerlichen, daß sie um ihrer selbst willen und nicht wegen ihrer Erfolge von anderen geliebt und respektiert wird, sie dann zu einem ganz neuen Verständnis ihrer eigenen Wertigkeit und der ihres Pferdes käme? Ist es nicht beeindruckend, wie die Ereignisse des Lebens den Menschen immer wieder an seine Lernpunkte heranführen, und wie in unserem Fall Pferde sich in den Dienst dieses Lernprozesses stellen?

Die Zeitspur Ihres Pferdes

Auch Ihr Pferd, es sei denn, Sie haben ein gerade geborenes Fohlen, hat eine mehr oder weniger lange prägende Vergangenheit.

Recherchieren Sie bitte, so weit möglich, die Geschichte Ihres Pferdes. Falls Sie von seiner Vergangenheit keine Kenntnis besitzen, notieren Sie bitte die Ereignisse vom Beginn Ihres Zusammentreffens bis heute.

Zeit	Ereignis	Reaktion des Pferdes

Betrachten Sie nun die Zeitspur Ihres Pferdes. Worin liegen die prägenden Elemente? Was wiederholt sich? Welche Verhaltensmuster Ihres Pferdes sind daraus abzuleiten?

Es müssen nicht immer großartige, spektakuläre Ereignisse sein, wie etwa Unfälle oder Erlebnisse mit Todesangst, die unsere Pferde prägen. Oft sind es relativ unscheinbare Ursachen, die jedoch zum Teil sehr unangenehme und lästige Wirkungen zeigen wie zum Beispiel bei der Stute «Cassandra»:

Zeit	Ereignis	Reaktion des Pferdes
	Im Zuge der Ausbildung zum Springpferd (auf die Methode der Ausbildung und deren Folgen möchte ich hier nicht weiter eingehen) wurde Cassandra, wenn sie einen Sprung verweigerte, rüde und gewaltsam zur Strafe eine beachtliche Strecke rückwärtsgerichtet.	*Das Pferd weigerte sich vehement gegen ein Rückwärtstreten unter dem Sattel. Die massive Abwehrhaltung des Pferdes stand in keiner Relation zum Schwierigkeitsgrad dieser Lektion. Sobald auch nur der leiseste Versuch unternommen wurde, sie einen Schritt rückwärtstreten zu lassen, wurde ihr ganzer Körper steif, und sie versuchte zu steigen. Rückwärtsrichten war für sie gleichbedeutend mit Strafe.*

Vielleicht können Sie auch bei Ihrem Pferd einige dieser großen und kleinen Katastrophen recherchieren. Je lückenloser Sie die Hintergründe des Verhaltens Ihres Pferdes aufdecken können, desto besser sind Ihre Voraussetzungen, unerwünschtes oder gar gefährliches Verhalten abzustellen. Erst im Verstehen besteht die Chance zur Änderung. Oder, wie ein befreunde ter Tierarzt zu sagen pflegt: «Vor die Therapie stellten die Götter die Anamnese (Entstehungsgeschichte einer Krankheit) und die Diagnose (Krankheitserkennung).»

Die Vergangenheit bestimmt nicht die Zukunft

Sehen Sie nun den Nutzen der durchlebten Erfahrungen? Sie haben einen Lern- und Entwicklungsprozeß hinter sich, den Sie damals wohl weitestgehend unbewußt vollzogen haben. Seien

Sie stolz darauf, daß Sie all die Schwierigkeiten der Vergangenheit gemeistert haben. Nun, da Sie den Nutzen Ihrer Vergangenheit erkannt haben, schließen Sie damit Ihren Frieden.

Wir wollen uns nun mit aller Kraft und Energie der Gegenwart zuwenden, denn nur in der Gegenwart ist Leben. Die Vergangenheit ist gelebte Zeit, die Zukunft noch nicht erfahrbare Zeit. Machen Sie sich bewußt, alles Wesentliche findet im Hier und Jetzt statt. Denken Sie doch mal an das Glücklichsein. Wann fühlen Sie es? Schon allein das Wort sagt es bereits aus Glücklich-SEIN. Es gibt kein Glücklich-WAR oder Glücklich-WERDE.

Die Kahunas, die ehemaligen Priester Polynesiens, fassen dies mit einem Wort zusammen: MANAWA, was soviel bedeutet wie «Jetzt ist der Augenblick der Macht».

Im Jetzt legen Sie den Grundstein zu Ihrer Zukunft. Nutzen Sie jeden Augenblick und stellen Sie bewußt Ihre Weichen in die Richtung, die Sie einschlagen wollen. Genauso wie in Ihrem Garten nur Rosen blühen können, wenn Sie sie vorher gepflanzt und gepflegt haben, so kann in Ihrem Leben nur das gedeihen, was Sie in der Gegenwart in Gang setzen und mit der nötigen positiven Energie versorgen.

Was möchten Sie im Bezug auf Ihr Pferd erreichen? Welche Herausforderungen sind für Sie damit verbunden? Wie sieht der ideale Zustand für Sie aus? Haben Sie davon eine Vorstellung? Arbeiten Ihre Gedanken bereits in Richtung Erfüllung Ihrer Idealvorstellung oder verschwenden Sie Ihre kostbare Gedankenenergie noch immer an innere Bilder des Mangels? Wenn Sie sich auf Mängel oder Unzulänglichkeiten an Ihrem Pferd konzentrieren, wird sich Mangel manifestieren. Denken Sie fortwährend an Krankheiten Ihres Pferdes, kann es nicht gesunden. Auch die Beziehung zu Ihrem Pferd ist Ihren fortwährenden Gedanken, positiven wie negativen, unterworfen. Richten Sie Ihren Blick auf die Werte der «Habenseite» und vertrauen Sie darauf, daß in Ihnen und in Ihrem Pferd noch ein weit größeres Potential an Fähigkeiten schlummert. Lassen Sie Ihre eigenen Fähigkeiten und die Ihres Pferdes wachsen. Wenn Sie das Richtige gesät haben, können Sie gelassen beobachten, wie Ihre Saat aufgeht und irgendwann Früchte tragen wird.

Worauf möchten Sie, unter Berücksichtigung der Erkenntnisse aus den Zeitspuren, künftig Ihr Augenmerk richten? Welche Schlüsse ziehen Sie für sich daraus?

Darauf werde ich künftig, in Bezug auf mein Pferd, mehr achten:

Zum Beispiel: Cassandra durch großzügiges Loben zu bestärken, wenn sie einen kleinen Schritt zurück macht, damit sie die Verknüpfung von Rückwärtsrichten = Strafe verliert.

Kontrolldramen – Überlebensstrategien aus der Vergangenheit

Wenn Sie Ihr Verhalten oder das anderer genauer beobachten, so werden typische Verhaltensweisen erkennbar. Die Psychologen sprechen von Verhaltensmuster, das bedeutet, daß bestimmte Reize immer wieder die gleichen Reaktionen auslösen. Diese Reaktion erfolgt unbewußt, das heißt, der Betreffende überlegt nicht und handelt dann gezielt, sondern die Reaktion erfolgt spontan. Diese typischen Verhaltensweisen haben wir uns in frühester Kindheit antrainiert. Es war sozusagen eine

Überlebensstrategie, um sich die Aufmerksamkeit und Zuwendung der Eltern zu sichern. Welche Strategie nun Erfolg bringt, hängt natürlich von den Eltern ab, das heißt, auf welche Verhaltensweisen sie ansprechen. Für uns als Kinder war dies eine sehr sinnvolle Taktik und bedeutete im Überlebenskampf einen großen Vorteil. Ohne die permanente Zuwendung und Aufmerksamkeit der Eltern ist ein kleines Kind nicht überlebensfähig. Der Zweck heiligt dann eben die Mittel.

Später, wenn wir erwachsen werden, haben diese Verhaltensmuster längst ihren ursprünglichen Sinn erfüllt und, werden sie jetzt nicht abgelegt, behindern unsere weitere Persönlichkeitsentwicklung. James Redfield, ein amerikanischer Soziologe und Therapeut, benennt diese aus der Kindheit stammenden Verhaltensmuster «Kontrolldramen». Er beschreibt vier Formen dieser Kontrolldramen. Den «Einschüchterer», den «Vernehmungsbeamten», den «Unnahbaren» und das «Arme Ich». Die meisten Menschen tendieren zu einem oder einer Mischform zweier Kontrolldramen. Sichtbar werden diese oft nur in Streßsituationen zum Beispiel bei der Austragung von Konflikten. Ich möchte mich diesem Thema deshalb in diesem Buch widmen, weil es für die Arbeit mit Pferden eine große Bedeutung hat. Pferde reagieren sehr verwirrt und verunsichert, wenn wir in eines dieser Kontrolldramen einrasten. In diesen Momenten sind wir nicht mehr Herr unserer selbst und schneiden uns von unserem eigenen Energiefluß und von unseren natürlichen Reaktionen ab. Ich brauche hier wohl nicht hinzufügen, daß die Auflösung von Kontrolldramen zum Wohle aller Beziehungen, egal ob zu Menschen oder Tieren, ist.

Entdecken Sie Ihr «Lieblings»-Kontrolldrama

Ich möchte Ihnen nun die Grundzüge dieser Kontrolldramen vorstellen und ich bin sicher, Sie werden das eine oder andere Element in anderen, wahrscheinlich auch in sich selbst wiederfinden. Bedenken Sie dabei bitte, daß alle Kontrolldramen ihren Ursprung in der Angst haben, nicht genug zu bekommen, verlassen zu werden, nicht geliebt zu werden, also einer Angst vor Mangel in jeder Hinsicht.

Der «Einschüchterer»

Der «Einschüchterer» ist meist laut und aggressiv, wirkt bedrohlich, schüchtert ein und verängstigt. Wutausbrüche, Zorn, Drohungen, autoritäres Gebaren, Sarkasmus bis hin zu Gewalttätigkeiten sind die Elemente seiner Macht. Damit erzwingt er sich Aufmerksamkeit und bindet so Energie anderer an sich. In seiner Gegenwart fühlen Sie sich verängstigt, eingeschüchtert und beunruhigt. Er leugnet Ihre Gegenargumente oder hört Ihnen gar nicht zu. Nach einer Auseinandersetzung mit einem «Einschüchterer» fühlen Sie sich meist ausgelaugt und kraftlos. Im Verhalten Pferden gegenüber zeigt sich der «Einschüchterer» ungeduldig, er setzt seine Forderungen auch gewalttätig durch, die Beziehung zum Pferd trägt die Züge von Kampf und Unterwerfung. Lautes Schimpfen und Fluchen begleiten häufig sein cholerisches, aggressives Gebaren.

Ein «Einschüchterer» in Aktion:

Ich beobachtete eine Reiterin mit ihrem Pferd in der Reithalle. Sie trainierte für eine Dressurprüfung und war bekannt für ihren extremen Ehrgeiz. Gerade, als sie am Ausgang vorbeiritt, öffnete jemand das Außentor und betrat die Tribüne. Das Pferd, für einen Moment irritiert, machte einen kleinen Satz in Richtung Bahnmitte. Die Reiterin korrigierte diese «Kursabweichung» durch einen heftigen Sporenstich mit dem inneren Schenkel, worauf das Pferd mit dem inneren Hinterbein nach dem Schenkel schlug. Das schien für die Reiterin so etwas wie eine Kriegserklärung gewesen zu sein. Sie riß das Pferd am Zügel herum, rammte ihm beide Sporen in die Seite und schlug mit der Gerte auf Hals und Kopf des Pferdes ein. Auf mein lautes Zurufen, ob sie denn wohl verrückt geworden sei, bekam ich zur Antwort: «Die (damit meinte sie ihre Stute) braucht das manchmal, der muß man zeigen, wo's langgeht damit sie weiß, wer der Herr im Haus ist.» Offensichtlich ging es nicht darum, das Pferd nach seinem Satz auf die Seite wieder in die richtige «Spur» zu bringen, sondern ganz klar um eine Demonstration von Macht unter Einsatz von Gewalt mit dem Ziel der Unterwerfung. Die Abwehrreaktion des Pferdes gegen den Sporenstich war von seiner Reiterin wohl als Angriff auf ihre Vormachtstellung interpretiert worden.

Auch an der Wortwahl kann man einen «Einschüchterer» bisweilen erkennen. Bemerkungen wie «mein Pferd spurt wie eine Eins», «dem muß man nur zeigen, wo es lang geht», «wenn er nicht pariert, bekommt er ein paar 'zwischen die Hörner'», «dem werd' ich es zeigen» ... sind für den «Einschüchterer» typisch.

Der «Vernehmungsbeamte»

Der «Vernehmungsbeamte» sucht ständig nach den Fehlern und Schwächen der anderen. Er ist ein feindseliger Kritiker, der sein Gegenüber andauernd überwacht und kontrolliert. Ständig müssen Sie ihm Rede und Antwort stehen, alle Ihre Handlungen und Absichten werden hinterfragt. Sie fühlen sich in seiner Gegenwart permanent kontrolliert und bisweilen ertappen Sie sich selbst dabei, daß Sie bereits versuchen, vorab jede Ihrer Bewegungen auf etwaige Fehler hin zu überprüfen, um nicht wieder im Brennpunkt der Kritik des «Vernehmungsbeamten» zu stehen. Indem Sie sich rechtfertigen und verteidigen, erhält er Ihre Aufmerksamkeit und damit Ihre Energie. Im Zusammensein mit einem Pferd sucht der «Vernehmungsbeamte» nach Fehlern, Unzulänglichkeiten und Schwächen. Jede Bewegung des Pferdes wird analysiert, bewertet und sofort korrigiert. Das Pferd hat so nur minimalen Freiraum. Die Grenzen, in denen es sich bewegen darf, sind eng gesteckt. Kontrolle ist hier das prägende Element.

Ein «Vernehmungsbeamter» im «Dienst»:

In einem Pferdepensionsstall lernte ich eine junge Frau mit einer großrahmigen Holsteinerstute kennen. Das Pferd war 6-jährig, wirkte mit seinen überlangen, schlacksigen Beinen reichlich unbeholfen und machte auf mich einen recht tolpatschigen Eindruck. Das Erscheinungsbild des Pferdes stand in krassem Widerspruch zu den Erwartungen und Zielen seiner Besitzerin. Diese war nämlich äußerst ambitioniert und wollte unbedingt aus ihrem Pferd einen Meister der Hohen Schule machen. Mit allen erdenklichen Hilfsmitteln wurde trainiert. An jeder Kleinigkeit wurde endlos geübt und perfektioniert. Jede noch so kleine Lektion wurde immer wieder wiederholt. Als ich sie eines Tages fragte, ob sie Lust hätte, mit mir auszureiten, schüttelte sie entsetzt den Kopf und erklärte, sie reite mit ihrem Pferd überhaupt nicht aus, denn draußen habe man ja keine richtige Kontrolle über die Pferde. Die Vorstellung, einmal die Kontrolle verlieren zu können, scheint für einen «Vernehmungsbeamten» eine wahre Horrorvision zu sein.

Eine Bemerkung, die unter Umständen auf einen «Vernehmungsbeamten» hindeuten könnte, wäre: «Ich habe mein Pferd gut im Griff.»

Der «Unnahbare»

Der «Unnahbare» ist stets auf Distanz bedacht, umgibt sich gerne mit dem Nimbus des Geheimnisvollen. Ungern läßt sich der «Unnahbare» auf Verpflichtungen ein, bleibt gerne vage, ist nicht sehr entschlußfreudig und versucht möglichst alles im Alleingang zu machen. Er wirkt oft desinteressiert, schroff, abweisend, arrogant, widerspenstig und bisweilen auch heimtückisch. In seiner Gegenwart fühlen Sie sich unsicher, nicht willkommen oder abgewiesen. Gründe für seine Unnahbarkeit sind oft nagende Selbstzweifel, Ängste und Minderwertigkeitsgefühle. Durch Ihre Bemühungen, an den «Unnahbaren» heranzukommen, erhält er Ihre Energie. Auch im Zusammensein mit seinen Pferd bleibt der «Unnahbare» oft unverbindlich und unklar. Es entsteht manchmal der Eindruck, als existiere zwischen Mensch und Pferd gar keine Beziehung, sondern nur ein Nebeneinander zu einem bestimmten Zweck. Alles wirkt nach außen hin sehr gebremst, indifferent und emotionslos.

Ein «Unnahbarer» präsentiert sich:

Gerade als ich mich sehr intensiv mit den Kontrolldramen auseinandersetzte und deshalb vielleicht auch diesbezüglich etwas sensibilisiert war, hatte ich Gelegenheit einen «Unnahbaren» mit seinem Pferd zu beobachten. Ich saß vor dem Stall in der Sonne und hatte bis zum Unterricht noch eine halbe Stunde Zeit. Am Putzplatz stand ein Pferd angebunden, und der Besitzer war gerade dabei, es zu striegeln. Er schrubbte mit dem Gummistriegel von oben nach unten, von links nach rechts völlig ungeachtet der Tatsache, daß sein Pferd an manchen Körperpartien empfindlich reagierte, den Kopf hochwarf, mit dem Schweif schlug oder zur Seite wich. Er machte einfach seine Arbeit. Als er das Pferdefell mit der Kardätsche glattstriegelte hörte das Peitschen des Schweifes auf, und das Pferd zeigte Wohlgefallen an dieser Art der Körperpflege. Es drehte den Kopf zu seinem Besitzer und stupste ihn vorsichtig an. Der Mann beachtete es überhaupt nicht. Das Pferd wurde massiver und gab ihm einen leichten Nasenstüber. Wieder keinerlei Reaktion. Als es ans Hufeauskratzen ging zupfte das Pferd an der Gürtelschlaufe seines Besitzers. Dieser wedelte nur mit einer Hand nach hinten, als wolle er eine lästige Fliege vertreiben. Das Pferd hatte es wirklich nicht leicht, zu seinem Besitzer Kontakt aufzunehmen.

Das «Arme-Ich»

Das «Arme-Ich» fühlt sich vom Leben benachteiligt. Pessimistisch blickt es in die Welt, und man hört es häufig klagen, seufzen und weinen. Ein chronischer Energiemangel scheint ständiger Begleiter zu sein. Gerne nimmt das «Arme-Ich» Hilfe, die es zuerst ablehnt, dann doch in Anspruch. Es besteht auf seiner Opferrolle, und alle Versuche, konstruktive Vorschläge zu machen, werden von ihm mit einem «ja, aber ...» zunichte gemacht. Diese Menschen wirken verletzlich und hilfsbedürftig. Indem sie Mitleid erregen, binden sie Ihre Aufmerksamkeit und damit Energie an sich. In der Gegenwart eines «Armen-Ichs» fühlen Sie sich ständig schuldig. In Bezug auf das Pferd hört man das «Arme-Ich» sagen, «das kann mein Pferd nicht, das ist zu gefährlich, davor hat es Angst». Das Pferd wird über Gebühr verhätschelt und versorgt, begleitet von Klagen, daß es so viel Zeit und Mühe kostet. Auf Widersetzlichkeiten des Pferdes reagiert das «Arme-Ich» beleidigt. Wie kann das Pferd nur so undankbar sein! Oftmals verhalten sich die Pferde frech und ungezogen bis rüpelhaft, da die konsequente, entschlossene Führung fehlt.

Ein «Armes-Ich» offenbart sich:

Der Putzplatz ist oft Bühne für so manches Schauspiel. Auch ein «Armes-Ich» präsentierte sich mir hier. Eine Frau, Mitte 40, hatte dort ihre Stute, wir nennen sie hier «Nixe», angebunden. Es ging darum, einen Angußverband am Vorderbein zu erneuern. Nixe hatte dazu offensichtlich keine Lust. Sie blieb nicht ruhig stehen und jedesmal, wenn es darum ging, das Bandagierkissen mit einer Bandage zu fixieren, hob Nixe das Bein an, schleuderte es nach vorn, und der Verband landete auf dem Boden. Die Besitzerin ermahnte ihr Pferd daraufhin eindringlich. «Jetzt bleibst du aber stehen», «Nixe, das macht man doch nicht», «jetzt sei nicht so gemein», «ich müh' mich doch bloß für dich ab», «ich tu' doch alles für dich, jetzt sei dafür wenigstens einmal brav» .... Nixe war von den ermahnenden, eindringlichen Worten offensichtlich nicht sehr berührt. Alle weiteren Versuche, den Verband anzulegen, schlugen fehl. Die Stimme der Besitzerin wurde ganz weinerlich. Ich fragte die Dame schließlich, ob ich ihr helfen könne. Sie antwortete mir: «Ach, das nützt auch nichts, wir werden es auch zu zweit nicht schaffen.» Nach einigem hin und her nahm sie meine Hilfe dann doch an. Mit vereinten Kräften und mit ein bißchen Nachdruck war der Verband mit ein paar Handgriffen schließlich angelegt.

Welches ist Ihr «Lieblings»-Kontrolldrama?

Nun, sind Ihnen einige dieser Verhaltensweisen bekannt vorgekommen? Kennen Sie Ihr eigenes «Lieblings»-Kontrolldrama»? Vielleicht fühlen Sie sich jetzt ertappt und haben ein Gefühl der Minderwertigkeit. Schütteln Sie dieses Gefühl bitte gleich wieder ab. Es ist völlig normal und menschlich, gelegentlich in eine dieser Verhaltensweisen hineinzugleiten. Es geht hier nicht darum, perfekt zu werden. Ich möchte Ihnen nur bewußt machen, daß viele unserer Verhaltensweisen nach überholten Gesetzmäßigkeiten gesteuert werden. Wenn Sie bewußt und absichtlich Ihr Pferd einschüchtern, ignorieren oder es kontrollieren, dann sind Sie noch immer «Kapitän auf Ihrem Schiff» und Sie nehmen bewußt die Konsequenzen Ihres Verhaltens in Kauf. Was nicht heißen soll, daß dieses Verhalten gegenüber dem Pferd unbedingt sinnvoll oder wünschenswert ist, aber Sie haben sich dann eben so entschieden.

Läuft hingegen ein «Kontrolldrama» ab, sind Sie wie ferngesteuert und werden von Ihren eigenen überholten Denkmustern manipuliert. Wenn Sie zum Beispiel voller Genuß eine Flasche Wein trinken, wohl wissend, daß Sie am Morgen einen fürchterlichen Kater haben werden, Ihnen der Genuß des Weines den Kater aber wert ist, dann haben Sie bewußt eine Entscheidung getroffen. Greifen Sie hingegen immer automatisch zur Flasche, wenn Sie frustriert sind, und haben danach ein schlechtes Gewissen, wurden Sie Opfer eines eingefahrenen Verhaltensmusters.

Machen Sie sich Ihr Verhalten bewußt und überprüfen Sie auch, welchen Typus Sie anziehen. Erleben Sie in Ihrem engeren Umfeld überwiegend «Einschüchterer», «Vernehmungsbeamte», «Unnahbare» oder «Arme-Ichs»? Falls Sie sich mit den Wechselwirkungen der verschiedenen Typen näher befassen wollen, so möchte ich Ihnen die Bücher von James Redfield «Die Prophezeiungen von Celestine» und das dazugehörige Handbuch «Die Erkenntnisse von Celestine» empfehlen.

Indem Sie sich selbst besser kennenlernen, machen Sie bereits den ersten Schritt, um dieses kindliche, nicht mehr passende Verhaltensmuster abzulegen. Eine Warnung sei hier noch hinzugefügt: Hüten Sie sich davor, über andere zu urteilen und deren Kontrolldramen zu belächeln. Niemand ist wirklich frei davon, und jeder von uns wird früher oder später wieder in die eigene Falle tappen.

«Was siehst du aber den Splitter im Auge deines Bruders, doch den Balken in deinem Auge nimmst du nicht wahr?»

(Neues Testament, Lukas 41)

Die Arbeit mit Pferden erfordert unsere ganze klare, authentische und freie Persönlichkeit. Dadurch sind wir aufgerufen, unsere «Kleinkindmethoden» abzulegen und zu erkennen, daß wir es nicht mehr nötig haben, auf diese Weise Energie anderer an uns zu binden. Urgrund der Kontrolldramen ist Angst, Angst vor Mangel in einem wichtigen Lebensbereich. Nähren Sie Ihre innere Gewißheit, daß Sie jetzt erwachsen sind, selbständig leben können und alle Voraussetzungen zu einem erfolgreichen, glücklichen Leben bereits in sich tragen. Sie haben es nicht mehr nötig, die Aufmerksamkeit und Energie anderer durch Manipulation an sich zu binden.

Pferde sehen uns in unserem Gesamtausdruck. Das bedeutet, sie sehen das tatsächliche SEIN hinter dem SCHEIN. Unser körperliches Erscheinungsbild, unsere Bewegungen, unsere emotionale Befindlichkeit wird vom Pferd ebenso erfaßt wie unsere mentale Einstellung.

Pferde sind dadurch ideale Partner in der Lebensschule. Sie zeigen uns auf ursprüngliche, natürliche und ehrliche Weise, was wir selbst in jedem Moment ausdrücken. Durch das Feedback der Pferde lernen wir uns selbst kennen, stoßen auf Blockaden, werden gefordert bis an unsere Grenzen und wachsen mit den Pferden über sie hinaus.

Hinter welchem Kontrolldrama verstecken Sie sich bisweilen? Und wie verhalten Sie sich gegenüber Ihrem Pferd?

Benennen Sie es bitte, damit Sie mehr und mehr loslassen können.

Manchmal verstecke ich mich hinter dem Kontrolldrama des

Wann immer ich mir dieses Kontrolldramas bewußt werde, werde ich alles daran setzen es abzulegen.

Durchbrechen alter Automatismen

Den ersten Schritt dazu haben Sie bereits getan. Sie haben es benannt und damit das Gespenst aus dem Keller an das Tageslicht befördert. Wie Sie bereits wissen, haben die Türen im Leben zwei Aufschriften. Beleuchten wir nun den positiven Aspekt hinter den einzelnen Kontrolldramen.

Der «Einschüchterer» → Führungspersönlichkeit

Der «Einschüchterer» verfügt über enorme Energien und über starke Durchsetzungskraft. Sobald es ihm gelingt, die zerstörerische, aggressive Komponente seines Verhaltens zu eliminieren, gewinnt er höchste Führungsqualität. Er gewinnt an Selbstbewußtsein und Klarheit. Durch seine offensive Art kann er Herausforderungen annehmen und andere für seine Ziele gewinnen. Die Führungseigenschaften werden sich in Verbindung mit dem Pferd als «Leittierqualitäten» zeigen. Das Pferd wird sich ihm vertrauensvoll anschließen.

Transformation vom «Einschüchterer» zur Führungspersönlichkeit:

- Machen Sie sich bewußt, daß Sie gerade dabei sind, in das Kontrolldrama des «Einschüchterers» zu verfallen.
- Ziehen Sie sich, wenn möglich, für kurze Zeit zurück.
- Halten Sie inne.
- Beobachten Sie Ihren Atem, lassen Sie Ihren Atem ruhig und gleichmäßig werden.
- Entspannen Sie Ihre Augen.
- Nehmen Sie Ihre innere Anspannung und den Druck, den Sie nach außen verbreiten, wahr.
- Stellen Sie sich bildlich vor, daß Sie gerade aussehen wie eine riesige, aufgeblasene Luftmatratze und ziehen Sie den Stöpsel raus!
- Stellen Sie sich vor, wie mit jedem Ausatmen der Druck wie durch ein Ventil Ihren Körper verläßt.
- Entspannen Sie Ihre Körperhaltung.
- Aktivieren Sie Ihr «inneres Lächeln» (Die Meditation «Das innere Lächeln» finden Sie auf Seite 128/129).
- Werden Sie sich Ihrer inneren Führungsqualitäten bewußt: klar, sicher, souverän, beherrscht und durch und durch vertrauenswürdig
- Beschäftigen Sie sich erst wieder mit Ihrem Pferd, wenn Sie sich vollkommen gefaßt haben.

Der «Vernehmungsbeamte» → Berater

Gelingt es dem «Vernehmungsbeamten», seine hervorragende Beobachtungsgabe, seine starke Fähigkeit zu analysieren, von dem Anspruch zu befreien, dadurch andere kontrollieren zu wollen, wird er sich zu einem ausgezeichneten Lehrer oder Berater entwickeln. Durch sein feines Gespür und seine scharfe Beobachtungsgabe ist es ihm möglich, Schwierigkeiten des Pferdes zu erkennen und zu lösen. Durch die Fähigkeit, hinter die Fassade zu blicken, ganzheitlich zu erfassen, setzt er enorme Entwicklungsprozesse bei Mensch und Pferd in Gang.

Transformation vom «Vernehmungsbeamten» zum Berater:

Wenn Sie gerade dabei sind, den «Vernehmungsbeamten» zu spielen:

- Ziehen Sie sich möglichst zurück.
- Machen Sie sich bewußt, daß Sie gerade dabei sind, den Blick nur auf den vermeintlichen Mangel zu richten.
- Machen Sie sich bewußt, daß Sie Ihr Pferd mit dem Blick des feindseligen Kritikers betrachten, es kontrollieren wollen und ihm keinen Freiraum gewähren.
- Atmen Sie tief durch.
- Entspannen Sie Ihre Augen.
- Lassen Sie los.
- Zählen Sie in Gedanken die Werte auf der Habenseite Ihres Pferdes auf.
- Lassen Sie in sich ein «inneres Lächeln» entstehen (Die Meditation «Das innere Lächeln» finden Sie auf Seite 128/129).
- Richten Sie Ihren Blick bewußt auf die Schönheit Ihres Pferdes.
- Entscheiden Sie sich für eine Unternehmung mit Ihrem Pferd, in der Sie ihm einen möglichst großen Freiraum gewähren können (siehe nachfolgende Übung).
- Fühlen Sie in sich hinein, spüren Sie Ihrem eigenen Bedürfnis nach Freiheit nach.
- Loben Sie sich selbst, machen Sie sich bewußt, daß es Ihnen gelungen ist, ein altes Verhaltensmuster zu durchbrechen.

Übung: Freiraum gewähren

Suchen Sie sich einen eingezäunten Platz, zum Beispiel einen Pikadero von 10-12 Metern im Quadrat oder ein Roundpen, eine kleine Koppel oder den Reitplatz bzw. die Halle, jedenfalls einen Ort, an dem Sie Ihr Pferd frei laufenlassen können. Sie sollten dabei mit Ihrem Pferd möglichst alleine sein. Betreten Sie nun mit Ihrem Pferd diesen Raum und lassen Sie Ihr Pferd los, nehmen Sie ihm, wenn möglich, auch das Halfter ab. Sollten Sie ein sehr schwieriges oder gar bösartiges Pferd haben, können Sie diese Übung zum gegenwärtigen Zeitpunkt nicht durchführen. Suchen Sie sich in diesem Fall bitte fachkundigen Rat. Die freie Arbeit mit einem schwierigen Pferd ist für einen Ungeübten zu gefährlich.

Bewegen Sie sich nun auf dieser eingezäunten Fläche, gehen Sie Ihren eigenen Weg, beachten Sie das Pferd nicht, beobachten Sie es nur leicht aus den Augenwinkeln. Rückt Ihnen Ihr Pferd zu dicht auf, scheuchen Sie es einfach weg, achten Sie darauf, daß sein Fluchtweg frei ist – gehen Sie ihm aber keinesfalls nach. Gehen Sie Ihren eigenen Weg und lassen Sie

Ihrem Pferd den seinen! Machen Sie ein Spiel daraus! Selbstverständlich können Sie dabei auch Spielsachen einsetzen, wie zum Beispiel einen Ball, den Führstrick, einen Gegenstand aus Ihrer Putzkiste, lassen Sie Ihrer Phantasie freien Lauf. Sie spielen mit Ihrem Spielzeug, das Pferd ist dabei völlig unwichtig. Sie gehen Ihren eigenen Interessen nach. Vielleicht spüren Sie ab und zu den Impuls, dem Pferd nachzulaufen, es zu treiben oder es herzulocken. Unterdrücken Sie bewußt diesen Impuls, lassen Sie Ihrem Pferd seinen Freiraum und verzichten Sie darauf, es zu kontrollieren und in seinen Weg einzugreifen. Nach einer Weile werden Sie feststellen, daß Ihr Pferd sich Ihnen umso interessierter zuwendet, je weniger Sie von Ihm wollen. Beenden Sie nach ca. 5-10 Minuten diese Übung. Loben Sie Ihr Pferd und loben Sie sich selbst.

Der «Unnahbare» – Pionier, Vorreiter für freie Denkweisen

Befreit sich der «Unnahbare» von seinem manipulativen Verhalten, durch Distanziertheit das Interesse und dadurch die Energie anderer an sich zu binden, wird der positive Aspekt dieses Musters sichtbar. Der «Unnahbare» kann sich emotional aus dem Geschehen zurückziehen, wird dadurch zum außenstehenden, neutralen Beobachter. So kann er aus der Distanz einen Überblick gewinnen, Zusammenhänge erkennen und konstruktive und kreative Ideen entwickeln. Seine besondere Fähigkeit liegt in seiner Vorstellungskraft, darin, weit über die bisherigen Grenzen hinauszudenken, eingefahrene Pfade zu verlassen, um neue Aspekte in Bisheriges zu integrieren. Er kann Pionierarbeit leisten, wenn es darum geht, Normen und Traditionen zu brechen um intuitiv neuen Wegen Raum zu schaffen. Auch in der Beziehung zu seinem Pferd spiegelt sich dann seine Kreativität und Experimentierfreude wider. Intuitiv wird neuen Gedankenimpulsen nachgegangen, Pferd und Mensch verschmelzen zu einem Entdeckerteam, das sich in einem permanenten Weiterentwicklungsprozeß befindet. Die Beziehung trägt die Züge von Freiheit und Grenzenlosigkeit.

Transformation vom «Unnahbaren» zum Pionier:

Ihnen wird gerade bewußt, daß Sie wieder mal eine uneinnehmbare Festung um sich selbst gebaut haben oder Ihre «Tarnkappe» tragen.

- Fragen Sie sich, wovor Sie sich im Moment fürchten.
- Machen Sie sich bewußt, daß die unsichtbare Wand zwischen Ihnen und Ihrem Pferd Sie nicht nur schützt, sondern auch trennt.
- Stellen Sie Augenkontakt zu Ihrem Pferd her, Augen sind die Fenster zur Seele.
- Stellen Sie sich vor, wie Sie Ihr eigenes Seelenfenster aufmachen und Ihr Pferd hineinschauen lassen.
- Spüren Sie die tiefe Verbindung, die dabei entsteht.
- Nehmen Sie Kontakt zu Ihrem Herzchakra (siehe Kapitel «Chakras» auf Seite 124) auf und lassen Sie ein liebevolles Gefühl entstehen.

- Machen Sie sich bewußt, daß Sie Teil eines Ganzen sind, mit allem verbunden.
- Fordern Sie sich selbst auf, voll im Hier und Jetzt zu sein.
- Richten Sie Ihre Aufmerksamkeit und Ihre Wahrnehmung auf Ihr Pferd (siehe nachfolgende Übung).
- Berühren Sie es, fühlen Sie seine Bewegung, gehen Sie auf Ihr Pferd ein, versuchen Sie herauszufühlen, was in ihm vorgeht.

Übung: Kontakt aufnehmen

Suchen Sie sich einen ruhigen Ort, an dem Sie ungestört sind und sich Ihr Pferd sicher fühlt. Geeignet sind hierfür wieder Pikadero, Roundpen, Reitplatz usw.. Legen Sie Ihrem Pferd ein Stallhalfter an und hängen Sie im Idealfall ein Führseil von

ca. 5-6 Metern Länge ein, falls Sie keines besitzen, nehmen Sie eine Longe oder knoten Sie zwei Führstricke zusammen. Die Länge Ihrer Führleine sollte mindestens 3 Meter betragen. Stellen Sie sich nun frontal vor Ihr Pferd im Abstand von ca. 1,5 Meter. Ihr Führseil hängt immer leicht durch. Fassen Sie die

Leine mit der einen Hand ca. 1 m vom Pferdekopf entfernt, der Rest der Leine liegt in Schlaufen in Ihrer anderen Hand. Stellen Sie sich vor, daß die Hand, die dem Pferdekopf am nächsten ist, nun die Verbindung zwischen Ihnen und Ihrem Pferd ist. Bei allem, was Sie nun tun werden, bleibt diese Hand immer zwischen Ihnen und Ihrem Pferd. Die Hand, die zum Pferd zeigt, halten Sie ungefähr auf Höhe Ihres Solarplexus, das heißt, etwa drei Finger breit oberhalb Ihres Nabels. Hier befindet sich Ihr Energiezentrum. Nähere Erläuterungen finden Sie im Kapitel «Chakras». Stellen Sie sich vor, wie Ihre Energie vom Solarplexus zu Ihrer Hand strömt und von Ihrer Hand über die Leine zu Ihrem Pferd. Spüren Sie die Verbindung, die dabei entsteht. Schauen Sie Ihrem Pferd in die Augen und machen Sie Ihr «Seelenfenster» auf. Richten Sie dann Ihren Blick auf Ihre Hand. Bewegen Sie Ihre Hand nun ganz langsam hin und her. Machen Sie einen Schritt zur Seite und wieder zurück und beobachten Sie, ob Ihr Pferd bereits seine Aufmerksamkeit auf Ihre Hand richtet. Bewegen Sie sich langsam und geschmeidig, Ihre Hand stets zwischen Ihnen und Ihrem Pferd. Die Leine darf nie gespannt sein. Suggerieren Sie Ihrem Pferd, daß es Ihrer Hand folgen soll. Stellen Sie sich vor, Ihre Hand sei ein Magnet, und Ihr Pferd wird von diesem Magneten angezogen. Folgt Ihr Pferd nun Ihrer Hand, machen Sie langsam eine einladende Geste mit Ihrer Hand und treten Sie einen Schritt zur Seite. Folgt Ihr Pferd nun Ihrer Hand, experimentieren Sie weiter. Treten Sie einen Schritt zurück, Ihr Pferd folgt Ihnen. Spüren Sie, wie sich Ihre Energie mit der Energie Ihres Pferdes verbindet. Beenden Sie diese Übung nach einigen Minuten, streicheln und loben Sie Ihr Pferd.

Das «Arme-Ich» → Heiler

Hat das «Arme-Ich» seine Opferrolle aufgegeben und ist sich seiner eigenen Fähigkeiten und Energiequellen bewußt geworden, zeigt sich seine enorme Gefühlstiefe auf positive Weise in Form von tiefem emotionalem Verständnis der Befindlichkeiten von Mensch und Tier. Unter seiner Obhut scheint alles zu gedeihen und seelisch heil zu werden. Seine

Umgebung ist geprägt von Harmonie und Schönheit. Tiefe Zuneigung und Harmonie sind die tragenden Elemente der Beziehung zwischen Mensch und Tier. Angeschlagene Pferdeseelen können hier wieder heil werden.

Transformation vom «Armen-Ich» zum Heiler:

- Lutschen Sie an Ihren Daumen und machen Sie sich bewußt, daß Sie gerade Babymethoden praktizieren.
- Hören Sie auf zu jammern.
- Ziehen Sie sich zurück.
- Richten Sie Ihre Aufmerksamkeit auf das Solarplexus-Chakra (siehe Kapitel «Chakras» auf Seite 124).
- Atmen Sie Energie hinein.
- Lassen Sie in sich ein Gefühl der Stärke entstehen.
- Fühlen Sie, wie Sie innerlich wachsen.
- Stellen Sie sich vor, Energie aus der Erde zu sich zu ziehen.
- Fühlen Sie, wie diese Energie Sie durchflutet.
- Machen Sie sich Ihre eigenen Fähigkeiten bewußt.
- Erinnern Sie sich an ein früheres Erlebnis, das Ihnen ein Gefühl der Stärke vermittelt hat.
- Setzen Sie Ihre Power in tatkräftiges Handeln um.
- Seien Sie stolz auf Ihre Leistung, genießen Sie das Gefühl von Stärke und Unabhängigkeit.

Sie ertappen sich gerade beim Jammern und Klagen, hören sich ständig «ja aber ...» sagen und fühlen sich schwach und hilfebedürftig.

Sobald wir uns unseres Verhaltens bewußt werden, haben wir die Chance, aus einer negativ erscheinenden Eigenschaft den positiven Aspekt zu fördern. Denken Sie an die Möglichkeiten, die sich Ihnen dabei bieten. Lohnt das etwa nicht die Mühe?

Chakras: Unsere Energiezentren im Körper

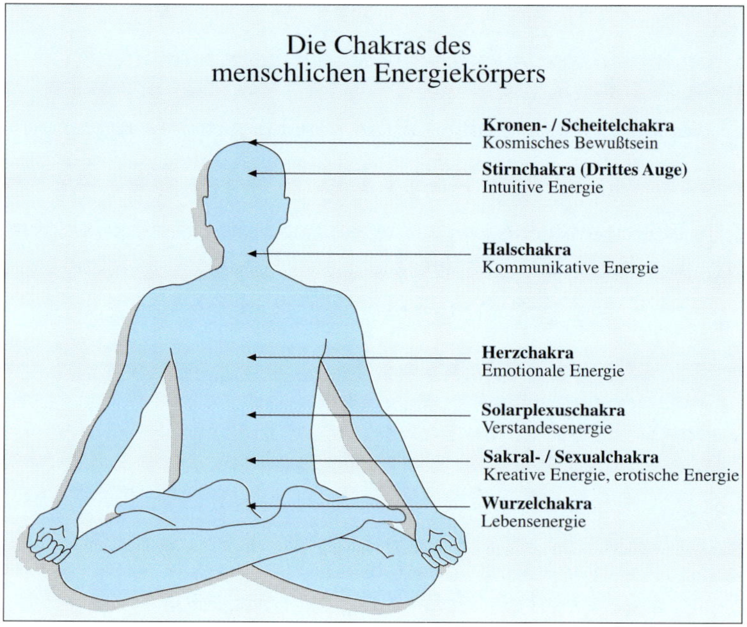

In den vorhergegangenen Übungen verwies ich bereits auf unsere Energiezentren, die Chakras, im Körper. Doch was sind Chakras überhaupt?

Was sind Chakras?

In unserem Körper befinden sich Energiezentren, sogenannte Chakras. Der Begriff «Chakra» kommt aus dem Sanskrit und bedeutet so viel wie «Räder». Sie werden meist als rotierende Scheiben dargestellt. Vergleicht man die Jahrtausende alten Darstellungen von Chakras aus dem Fernen Osten mit unseren heutigen, modernen, wissenschaftlichen Abbildungen der Anatomie des Menschen, so wird erkennbar, daß dort, wo sich sogenannte Chakras befinden, sehr wichtige Nervenbahnen zusammenlaufen. Die fernöstliche Energielehre geht davon aus, daß ein mangelnder Durchfluß oder eine Unterbrechung des Energieflusses zwischen den Chakras zu körperlichen und seelischen Blockaden bis hin zu Krankheit führt. Stimuliert man hingegen diese Nervensammelpunkte, und sorgt so für einen ununterbrochenen Energiefluß, so wirkt sich dies sehr positiv auf den Gesamtorganismus aus. Wer sich intensiv mit der Aktivierung dieser Chakras beschäftigt und häufig Übungen zur Steigerung des Energieniveaus praktiziert, wird sehr bald tatsächlich diesen Energiefluß im Körper wahrnehmen können. Bessere Gesundheit, Wohlbefinden, Ausgeglichenheit und gesteigerte Leistungsfähigkeit sind nur einige der angenehmen Begleiterscheinungen dieser Energiearbeit. Im übrigen gibt es diese Energiezentren auch bei Tieren.

Gemäß der östlichen Lehre gibt es sieben Hauptchakras:

Wurzel- oder Basischakra

Dieses Chakra befindet sich im Bereich des Steißbeins, das heißt, zwischen Anus und Genitalien. Das zentrale Thema diese Chakras ist Sicherheit, verbunden mit dem Gefühl der Erdverbundenheit und des Urvertrauens. Es symbolisiert «Lebensenergie». Aktivieren wir dieses Chakra, so führt dies zu einer Stärkung unserer Lebensenergie, unserer körperlichen Sexualkraft und stärkt in uns ein Gefühl der Erdverbundenheit und der Durchsetzungskraft.

Sakral- oder Sexualchakra

Lokalisiert ist dieses Chakra in unserem Becken etwa handbreit unterhalb des Nabels. Grundthema ist hier: Beziehung, Sexualität und Kreativität. Wird dieses Chakra aktiviert, wirkt dies sehr anregend auf unsere Kreativität, unsere Erotik, aber auch auf unseren Appetit und unsere Verdauung. Im allgemeinen bringt es uns körperlich und seelisch in Fluß.

Solarplexus-Chakra

Das Solarplexus-Chakra befindet sich etwa drei Fingerbreit oberhalb des Bauchnabels. Leitthemen sind hier Macht, Willenskraft und Stärke aber auch Gefühle und Bedürfnisse. Ferner lokalisiert ist hier unsere Lebendigkeit, unsere Fähigkeit zur Selbstbehauptung und Selbstdarstellung. Man könnte auch sagen, unser Ego. Dieses Chakra ist unser wichtigster Energiespeicher.

Stimulieren wir dieses Chakra, so unterstützt dies die Verarbeitung von Erlebnissen und Gefühlen. Bisher unterdrückte Emotionen werden freigesetzt und Depressionen gelindert.

Herzchakra

Das Herzchakra befindet sich in der Mitte des Brustbeins. Es ist der Sitz unserer Gefühle von Liebe, Mitgefühl, Wärme, Freundschaft, Selbstannahme und Toleranz.

Wird das Herzchakra aktiviert, fühlen wir uns offen, anderen zu begegnen, und sind erfüllt von einem Gefühl der Zuneigung, der Freundlichkeit und der Verbundenheit.

Halschakra

In der Halsmitte ist das Halschakra lokalisiert, etwa im Bereich des Kehlkopfes. Zum zentralen Thema des Halschakras gehört die Fähigkeit zur Kommunikation, der Selbstausdruck, die Kreativität und Inspiration. Stimulieren wir das Halschakra, so verbessert sich unsere Fähigkeit sich auszudrücken, wir treten gerne mit anderen in Kontakt, sind geselliger und genießen ein Gefühl der Unabhängigkeit.

Ist das Halschakra blockiert, wie zum Beispiel wenn wir Prüfungsangst haben oder jemandem einen großen Fehler beichten müssen, haben wir den sprichwörtlichen «Kloß im Hals» und haben Mühe, die richtigen Worte zu finden.

Stirnchakra oder drittes Auge

Das Stirnchakra oder auch drittes Auge genannt, befindet sich zwischen den Augenbrauen. Es ist der Ort unserer Intuition, Wahrnehmung und Visualisierung. Aktivieren wir unser Stirnchakra, so beleben wir unsere Intuition und Geisteskraft.

Kronen- oder Scheitelchakra

Auf der Mitte der Kopfoberseite, also auf dem Scheitel, ist das letzte der Hauptchakras lokalisiert. Hier ist der Sitz unseres kosmischen Bewußtseins, unserer Spiritualität.

Wird das Scheitelchakra angeregt, so stärkt dies unser Bedürfnis nach spirituellem Wachstum und Selbstverwirklichung.

So wie unser Körper nur funktionieren kann, wenn der Blutstrom in unseren Adern ungehindert fließen und alle Organe versorgen kann, so ist es für unsere Gesundheit, unser Wohlgefühl, unser gesamtes Sein von größter Wichtigkeit, daß unsere Chakraenergien frei fließen können.

Wie kann man Chakras aktivieren?

Es gibt selbstverständlich unzählige Möglichkeiten mit Chakras zu arbeiten. Die einfachste ist meines Erachtens die Aktivierung über den Atem. Atmen Sie in die Körperregion, wo sich das betreffende Chakra befindet. Beginnen Sie mit dem ersten und enden Sie mit dem siebten Chakra. Stellen Sie sich dabei vor, wie Sie beim Einatmen das betreffende Chakra mit Energie versorgen, beim Ausatmen können Sie sich vorstellen, wie Ihr Atemstrom die «Glut» in Ihrem Chakra entfacht, so als würden Sie in eine glimmende Ofenglut hineinblasen, um das Feuer wieder zu entfachen. Visualisieren Sie, wie Sie dabei das Grundthema des jeweiligen Chakras entfachen und lassen Sie ein entsprechendes Gefühl in sich aufsteigen. Zum Beispiel beim Grundchakra ein Gefühl der Sicherheit oder Stabilität, beim Solarplexuschakra ein Erfolgsgefühl, beim Herzchakra ein tiefes Gefühl der Liebe zu einem Menschen oder einem Tier, das Ihnen sehr nahesteht. Folgen Sie beim Üben Ihren Eingebungen.

Verzagen Sie nicht, wenn sich nicht gleich der gewünschte Erfolg einstellt. Bleiben Sie gelassen und beharrlich. Vertrauen Sie darauf, daß sich Ihr Energiefluß kontinuierlich verbessern wird. Auf dem Wege zur Entfaltung unserer wahren Persönlichkeit ist es wichtig, uns unsere eigenen Energiequellen zu erschließen. Hier liegt ein unerschöpfliches Potential verborgen. Stellen Sie sich vor, in Ihnen ist ein gigantisches Kraftwerk, und Sie sind nun dabei, die «Steckdose» zu finden. Das gibt Ihnen Power auf Dauer!

Bei der Arbeit mit Pferden werden Sie sehr schnell einen Unterschied spüren. Gehen Sie energetisiert und voller Spannkraft zu Ihrem Pferd, wird sich Ihre Energie sehr bald übertragen und eine völlig neue, erfüllende Zusammenarbeit wird sich ergeben.

Meditation «Das innere Lächeln»

Das «innere Lächeln» ist ein phantastischer Weg zu mehr Gelassenheit. Nicht nur im Umgang mit Pferden sondern auch in unseren ganz normalen Alltagssituationen ist es äußerst nützlich und hilfreich.

Sprechen Sie sich diese Meditation bitte entweder auf Band oder bitten Sie einen Bekannten, den Text für Sie zu lesen. Zur Wiederholung der Meditationstechnik gehen Sie bitte nochmal zurück zur Wunscherfüllungsmeditation auf Seite 91.

Suchen Sie sich wieder einen ruhigen, angenehmen Ort, an dem Sie für ca. zehn Minuten ungestört sind, und machen Sie es sich bequem.

Schließe nun bitte die Augen ... atme ruhig und gleichmäßig ... Bei jedem Ausatmen spürst du, wie Anspannung deinen Körper verläßt .... Dein Körper ruht schwer auf seiner Unterlage ... Bei jedem Ausatmen sinkst du tiefer in deine Unterlage ... Angenehme Entspannung breitet sich aus ....
Richte nun deine Aufmerksamkeit nach innen. ... Du siehst vor dir einen Spiegel, ... Du siehst dich selbst in diesem Spiegel ... Betrachte dein Gesicht ... deine Augen, ... deine Lippen .... Deine Augen beginnen nun zu lächeln ... Du fühlst das warme Gefühl von Sympathie ... Nun ergreift dieses Lächeln auch deine Lippen ... Du fühlst, wie dieses heitere, angenehme Gefühl dein ganzes Gesicht ergreift .... Erlebe, wie dieses Lächeln sich in deinem ganzen Körper ausbreitet, ... Du bist erfüllt von dem Gefühl tiefer Sympathie, von Wohlwollen und Freundschaft ... Lasse ruhig dieses innere Lächeln auch nach außen sichtbar werden. ... Genieße dieses Lächeln in deinem Gesicht und das Leuchten deiner Augen, ... Spüre, wie dieses liebevolle Gefühl aus dir heraus strahlt ... Laß dein inneres Licht nach außen strahlen ...
Nun siehst du dein Pferd in diesem Spiegel ... Du lächelst ihm zu ... Hülle dein Pferd in dieses warme, liebevolle Licht ein ... Beobachte, wie stolz und energiestrotzend es ist, ... wie es sich seiner Kraft und Gesundheit erfreut, ... wie es ausgelassen und vollen Anmut über die Weide trabt ... Es kommt auf dich zu und bleibt stehen .... Es wendet sich dir zu ... Du schaust ihm in die Augen ... Seine Augen leuchten voller Lebensfreude ... Du genießt diesen Augenblick voller Harmonie und Freundschaft .... Erlebe dieses wunderbare Gefühl der Verbindung ... Laß es noch einmal ganz intensiv werden ... Speichere es tief in deinem Herzen ...
Nun siehst du wieder dein eigenes Gesicht im Spiegel, ... siehst das Lächeln auf deinem Gesicht...
... Langsam kehrst du zurück in die Realität ... Dein Lächeln begleitet dich ... Bei Nennung der Zahl drei wirst du vollkommen wach und erfrischt in die Realität zurückkehren ... eins – zwei – drei ... Öffne nun wieder die Augen.

«Das Kennzeichen deiner Unwissenheit
ist die Stärke deines Glaubens an
Ungerechtigkeit und Unglück.
Was für die Raupe das Ende der Welt ist,
nennt der Meister einen Schmetterling.»

AUS «ILLUSIONEN» VON RICHARD BACH

DER KAMPF UM ENERGIE, EIN KAMPF UM MACHT

Psychologische Grundbedürfnisse 132

Sind Sie ein Energieräuber? 134

Verabschieden Sie sich vom Mangeldenken 139

Das Gesetz der Fülle 140

Das Gesetz der Freiheit 142

Eine Kettenreaktion

Vor vielen Jahren fand ich in einer Illustrierten eine Karikatur, die den Kampf um Macht auf witzige und doch sehr realistische Art darstellte:

Mann und Frau waren offensichtlich in Streit geraten. Der Mann beschimpfte die Frau, die Frau ohrfeigte daraufhin ihr Kind. Das Kind wiederum gab dem Hund einen Tritt, der sich hierfür mit dem Zerbeißen eines Pantoffels rächte.

Vielleicht haben Sie sich über diese oder eine ähnliche Karikatur bereits an anderer Stelle amüsiert. Bei näherer Betrachtung zeigt sie aber sehr genau, wie Streitigkeiten in vielen Fällen gehandhabt werden. Es geht im Grunde genommen um Kompensation des Energieverlustes seitens des Verlierers, die sich in Aneignung der Energie des nächst Schwächeren äußert.

Von «Mübies» und deren Räubern

Stellen Sie sich vor, «Mübies» seien eine Art Lebensenergie, und jeder würde bei der Geburt, sagen wir mal, tausend «Mübies» bekommen. Geraten Sie nun mit anderen in Streit, bemächtigt sich der Sieger einiger «Mübies» des Verlierers. Als Verlierer fühlen Sie einen schmerzlichen Energieverlust. Ängstlich zählen Sie vielleicht Ihre verbliebenen «Mübies» und werden ganz gestreßt. Möglicherweise verfallen Sie dabei auch in Ihr Lieblingskontrolldrama. Sie überlegen, wie Sie wieder zu «Mübies» kommen können. Da lauert schon der nächste «Mübieräuber». Ihre Kräfte schwinden dahin. Wie ein alter kranker Wolf hungern Sie nach «Mübies» und können aber keinen schweren Kampf mehr riskieren. Sie sind gezwungen, sich Ihre «Mübies» bei Schwächeren zu rauben.

Gehen Sie hingegen als Sieger hervor, fühlen Sie sich kurzzeitig gestärkt, aber das hält nicht lange an, denn geraubte

«Mübies» verbrauchen sich viel schneller als eigene. Sie werden gleich wieder hungrig nach «Mübies». Auch Ihre vielen Siege führen nie zu einer echten Sättigung. Ständig stehen Sie unter dem Druck, «Beute» zu machen. Je größer Ihr «Mübiedepot» wird, desto mehr Neider und Herausforderer stellen sich ein. Ihr Leben wird zu einem einzigen Kampf um «Mübies».

Zum Glück gibt es diese «Mübies» nur in unserer Phantasiereise – oder sind Ihnen diese Gefühle irgendwie vertraut erschienen?

Denken Sie einmal zurück an den letzten Streit, die letzte heftige Auseinandersetzung. Wie gingen Sie daraus hervor? Waren Sie Gewinner oder Verlierer? Wie haben Sie sich dabei gefühlt? Gingen Sie gestärkt oder geschwächt daraus hervor?

Können Sie sich vorstellen, daß es Möglichkeiten gibt, Auseinandersetzungen so zu führen, daß keine Seite einen Energieverlust erleidet?

Jeder Mensch trägt bestimmte psychologische Grundbedürfnisse in sich. Es ist das Bedürfnis, anerkannt und akzeptiert zu werden, wichtig zu sein und ernstgenommen zu werden. Wird eines dieser Bedürfnisse nicht befriedigt, so setzen wir in der Regel alles daran, unter Umständen auch, indem wir manipulieren, um letzten Endes doch zu einer Befriedigung dieses Bedürfnisses zu gelangen. Diese Bedürfnisse sind für uns von so elementarer Bedeutung, da sie unmittelbar Einfluß auf unser Selbstbild haben. Wir sind deshalb stets bemüht, Defizite möglichst schnell auszugleichen, dies geschieht dann oft mit Hilfe der Energie eines anderen Lebewesens. Es muß nicht immer ein Mensch sein, auch von Tieren können wir Energie «rauben».

Eine Möglichkeit, diesen Kampf um Energie zu vermeiden, ist es, keines dieser Grundbedürfnisse bei seinem Gegenüber zu verletzen. Das bedeutet, beide Seiten müssen einander signalisieren, daß sie den anderen anerkennen, ihn respektieren, ihn als wichtig erachten und ihn ernst nehmen. Wird ein Konflikt auf diese Weise geführt, so geht es ausschließlich um eine sachliche Diskussion, in der keine Seite das Selbstbild des anderen negativ prägt. Sobald es nicht mehr darum geht, den Kontrahenten klein zu machen, um sich selbst groß und mächtig zu fühlen, hört der Kampf um Energie auf und schafft Raum für konstruktive Lösungs- und Kompromißvorschläge.

Sie fragen sich nun bestimmt schon, was dies denn nun mit Pferden zu tun hat. Ich denke, eine ganze Menge. Meiner Meinung nach verstricken wir Menschen uns viel zu oft auch mit unseren Pferden in einen Kampf um Energie, was nichts anderes ist, als ein Kampf um Macht. Damit wir uns groß und stark fühlen können, das heißt, damit unserem Ego genüge getan ist, greifen wir gelegentlich zu unlauteren Mitteln. Da wird ein Pferd schon mal gegängelt oder gar unterworfen, nur um das eigene Ego aufzupolieren. Die nachfolgenden Beobachtungen mögen dies verdeutlichen.

Sind Sie ein Energieräuber?

Sie werden sich vielleicht schon gefragt haben, inwieweit Sie selbst in derartige Kämpfe verstrickt sind.

Betrachten wir das Zusammensein mit Pferden.

Hans und der Kampf mit dem Hengst

Vor ca. zwei Jahren wurde ich zufällig Zeuge eines Vorfalles, wie er sich sicher häufiger zuträgt, vielleicht haben auch Sie bereits ähnliches beobachtet.

Hans, Mitte vierzig, war damals in einer schwierigen Lebenssituation. Seine Frau hatte ihn wegen eines anderen Mannes verlassen, die Kinder, fast erwachsen, waren ebenfalls ausgezogen, dazu kam noch beruflicher Mißerfolg. Sein angeschlagenes Selbstwertgefühl versuchte er bisweilen im Alkohol zu ertränken. Eines Abends führte er nicht sein Pferd, sondern den Hengst seines Sohnes aus der Box. Schon beim Putzen und Satteln war eine enorme Anspannung zu spüren. In der Reithalle entlud sich dann die geballte Wucht dieses angestauten Gewitters. Hans wartete nur auf eine Widersetzlichkeit des Hengstes. Das Pferd seinerseits durch den ungewohnten Reiter und dessen aggressive Grundstimmung verunsichert, verspannte sich zusehends. Über alle Maßen wurden von Hans auch die kleinsten «Vergehen» des Hengstes geahndet. Heftige Sporenstiche und rohes Reißen an den Zügeln – Verhaltensweisen, die ich an Hans vorher nie beobachtet hatte. Der Hengst begann sich zu wehren, fing an zu steigen, warf sich zur Seite, versuchte vor den schmerzhaften Angriffen seines Reiters zu fliehen. Mensch und Pferd befanden sich in einem unheilvollen Kampf. Was für einen Sinn sollte das denn haben, warum ließ Hans die Situation so eskalieren? Ich konnte es mir nur so erklären: Er wollte siegen, um jeden Preis siegen. Sein Bedürfnis nach Anerkennung und Beachtung war durch seine familiäre Situation mit Füßen getreten worden, er fühlte sich minderwertig und versuchte, dieses Gefühl durch den gewaltsam errungenen Sieg über ein Pferd zu kompensieren. Den Kontrollverlust über sein Familienleben versuchte er durch Kontrolle über diesen Hengst wettzumachen. Der Kampf endete ganz plötzlich. Ich glaube, Hans wurde mit einem Schlag bewußt, was er sich und dem Pferd antat. Beschämt stieg er ab, lobte mit sanfter Stimme den bebenden Hengst und ging schleppenden Schrittes aus der Halle. Wortlos sattelte er das Pferd ab, legte ihm sorgfältig eine Abschwitzdecke über und verließ hängenden Hauptes den Schauplatz. Fortan beobachtete ich nur noch, wie er sanft mit den Pferden umging.

Der Kampf um Energie und Macht, den Menschen gegen Pferde führen, zeigt sich nicht immer in derartig gewalttätiger Form. In den meisten Fällen passiert das viel subtiler.

Bestrafung eines «Missetäters»

Eine Freundin erzählte mir unlängst eine Begebenheit, die dies veranschaulicht. Sie hatte ihr Pferd, einen stattlichen Wallach, in einer Pferdepension eingestellt. In der Regel kam sie frühmorgens zu ihrem Pferd. Eines Tages hatte sie ihre Tasche im Stall vergessen und fuhr deshalb abends noch mal hin. Zu ihrer Verwunderung fand sie ihr Pferd außen am Stall kurz angebunden vor. Die anderen Pferde waren noch auf der Koppel, und so gebärdete sich ihr Wallach sehr unwillig, wieherte und scharrte wild mit den Hufen. Sofort stellte sie die Pferdepflegerin zur Rede. Diese erklärte, der Wallach habe sich in der Herde nicht anständig benommen. Deshalb habe sie ihn bereits mittags von der Koppel geholt. Strafe müsse eben sein, und er sei jetzt dort festgebunden, damit er über seine «Missetat» nachdenken könne. Im nachhinein stellte sich heraus, daß der «Übeltäter» die Stuten der Herde für sich beanspruchte und damit die Vorherrschaft des Wallachs der Pferdepflegerin beendete. Für die Pferdepflegerin war das wohl eine persönliche Herabsetzung, der sie mit allen Mitteln entgegentreten wollte.

Macht ausüben zu wollen scheint eine häufig anzutreffende menschliche Schwäche zu sein. Vieles wird mit Strafen geahndet, die für das Pferd zwar völlig unverständlich sind, dem Menschen aber die Genugtuung verschaffen, Macht über das Pferd zu besitzen. Auch viele Pferde im Turniergeschehen fallen dem Geltungsbedürfnis ihrer Reiter, dem Drang anerkannt zu werden, Wichtigkeit zu erlangen, zum Opfer. Verstehen Sie mich bitte nicht falsch. Ich bin kein genereller Gegner des Turniersports. Wo Pferd und Reiter ein harmonisches Team bilden, das sich gemeinsam einer Aufgabe stellt, unter Verzicht von Gewalt und Unterdrückung, ist es ein Genuß, diese Pferd-Reiter-Teams im Wettstreit zu erleben. Leider habe ich bisher auf Turnieren oft anderes beobachtet und mich des Eindruckes nicht erwehren können, daß der eigentliche «Wett-Kampf» zwischen Reiter und Pferd ausgetragen wurde. Ich lasse mich dies-

bezüglich aber im Sinne der Pferde auch gerne eines Besseren belehren.

Wenn Sie den Wunsch nach einer harmonischen Beziehung zu Ihrem Pferd haben, einer von persönlichem Machtstreben befreiten Verbindung voller Natürlichkeit und Lebensfreude, dann prüfen Sie sich bitte selbst, ob Ihr Verhalten Pferden gegenüber die Züge von Machtanspruch, Geltungsbedürfnis, Drang nach Anerkennung und Wunsch nach Kontrolle trägt. Lernen Sie zwischen Führungsqualitäten und Machtansprüchen zu unterscheiden. Das Leittier einer Herde zum Beispiel, fordert von den Mitgliedern der Herde, daß sie seinen Kommandos unverzüglich Folge leisten und setzt dies auch sehr konsequent durch. Es tut dies aber ausschließlich zum Wohle der Herde, denn nur so kann das Überleben gesichert werden. Ein Leittier würde aber kaum seine Macht über andere demonstrieren, indem es seine Herde willkürlich in eine Gefahrenzone treibt, nur um dem Leittier einer anderen Herde zu imponieren.

Führungsqualitäten oder Egotrip?

Ergründen Sie Ihre Motivation. Warum tun Sie etwas? Tun Sie es für Ihr Pferd oder für Ihre Selbstdarstellung, Ihr Ego?

Nehmen wir doch einmal Dressurreiten als Beispiel. Hierfür sind sehr unterschiedliche Beweggründe denkbar:

- Ehrgeiz, Selbstdarstellung, Erfolgsstreben
- Gymnastizierung des Pferdes, um seine Gesundheit zu erhalten
- Freude an Kommunikation mit dem Pferd
- Körperbeherrschung und Koordinationsvermögen von Mensch und Pferd zu optimieren
- Die Fähigkeiten des Pferdes noch weiter zu entwickeln
- Prestigedenken

Vielleicht fallen Ihnen sogar noch weitere Gründe dafür ein. Nun prüfen Sie bitte, welche Beweggründe sind im Sinne des Pferdes, das heißt, sie entspringen gewissen Führungsqualitäten, welche sind manipulativ, das heißt, das Pferd wird für egoistische Ziele benutzt?

Indem Sie sich bewußt machen, wo manipulatives Verhalten auftritt, tun Sie bereits den ersten Schritt in eine andere

Richtung. Sensibilisieren Sie sich für alle Arten von Kontrollsucht und Machtansprüchen, spüren Sie auch die ganz subtilen Facetten auf. Im Zuge Ihrer persönlichen Weiterentwicklung und Bewußtwerdung werden Sie entdecken, daß Sie in immer größerem Umfang auf Kontrollsucht und Machtkampf verzichten können. Indem Sie Ihre eigenen, unerschöpflichen Energiequellen kennenlernen und Zugang zu ihnen finden, werden Sie sich zunehmend von dem Bedürfnis, die Energie anderer an sich zu binden, befreien.

Werden Sie unabhängig von der Energie anderer und entwickeln Sie Ihr eigenes Energiepotential. Wenn Sie es nicht mehr nötig haben, durch Machtausübung die Energie Ihres Pferdes an sich zu binden, werden Sie einen völlig neuen, unbeschreiblich schönen Zugang zu Ihrem Pferd finden.

Wo ich noch versuche Macht auszuüben:	**Wie ich es ändern werde:**
Wenn mein Pferd beim Ausreiten etwas Interessantes sieht, wendet es den Kopf zur Seite. Manchmal ziehe ich seinen Kopf dann mit einem kräftigen Ruck am Zügel herum, weil ich möchte, daß es geradeaus schaut.	*Ich werde mich bemühen, gelassener zu werden, und meinem Pferd zugestehen, daß es sich einem interessanten Objekt zuwendet. Ich freue mich, daß mein Pferd so aufmerksam ist und jede Veränderung in seiner Umgebung registriert.*

Bleiben Sie zäh und beharrlich in Ihren Bemühungen, aber seien Sie trotz allem nicht zu streng mit sich selbst. Sie befinden sich auf einem Weg. Es geht nicht darum ein Endresultat zu erzielen. Jeder von uns ertappt sich bisweilen dabei, unerwünschtes Verhalten nun doch wieder an den Tag gelegt zu haben. Allzu leicht rutscht man in «altes Fahrwasser» zurück. Verzeihen Sie sich diesen Fehler, gratulieren Sie sich, Sie haben es immerhin sofort erkannt. Beim nächsten Mal machen Sie es dann mit Sicherheit besser.

Verabschieden Sie sich vom Mangeldenken

Urgrund des Kampfes um Macht und Energie ist eine geistige Haltung, die davon ausgeht, zu wenig zu bekommen oder zu wenig zu haben. Dabei geht es, wie wir wissen, nicht unbedingt um materielle Dinge. Unser Streben betrifft vielmehr innere Bedürfnisse. Anerkennung, Geltung, Akzeptanz, Achtung, Wertschätzung sind im Wesentlichen das, wonach wir trachten. Für die Erfüllung dieser Bedürfnisse glauben wir, die Energie anderer zu brauchen. Erhalten wir diese nicht freiwillig, versuchen wir, durch Manipulation zur Befriedigung unserer Bedüfnisse zu gelangen.

Die heiß umkämpfte Colaflasche

Ein Kollege von mir läßt seine Teilnehmer in Seminaren zum Persönlichkeitstraining gelegentlich sozusagen am eigenen Leib typisches Mangeldenken erfahren. Eine besondere Ironie erhält das vor allem in spirituellen Seminaren, die häufig von Menschen besucht werden, die sich bereits als spirituell sehr fortgeschritten erachten und glauben, sie seien längst über die elementarsten menschlichen Schwächen hinausgewachsen.

Wie es in den meisten Seminaren üblich ist, werden Kursgetränke bereitgestellt. Dabei wird bewußt ein attraktives Getränk wie etwa Cola, Mulivitaminsaft oder ähnliches nur in sehr geringer Menge angeboten. Alle anderen Getränke gibt es in Hülle und Fülle. Können Sie sich vorstellen, was nun passiert? Richtig, minutenschnell sind die in geringer Menge angebotenen Getränke verschwunden. Dabei kann es durchaus passieren, daß ein Teilnehmer oder eine Teilnehmerin sich gleich zwei Flaschen dieser Kostbarkeit reserviert hat. Möglicherweise greift sich jemand eine Cola, obwohl sie ihm nicht besonders gut schmeckt. Stellt man also bewußt eine scheinbare Mangelsituation her, zeigt sich unmittelbar auch Mangelverhalten. Interessanterweise gingen auch alle Teilnehmer davon aus, daß die «Köstlichkeiten» tatsächlich nur begrenzt verfügbar sind. Mein Kollege wurde noch nie gefragt, ob es hiervon auch Nachschub gäbe. Es wird also ohne Prüfung angenommen, daß der Mangel tatsächlich existiert.

Das Gesetz der Fülle

Das Gesetz der Fülle steht in enger Verbindung zum Gesetz der Resonanz. Es besagt, daß bereits alles vorhanden ist. Es ist alles im System. Wir sind umgeben von einem Meer der Fülle. Fülle ist der natürliche Zustand. Diese Fülle können wir aber nur in dem Umfang «anzapfen», in dem wir auch daran glauben können, und sie im Bereich unserer tiefsten Überzeugung liegt. Richten wir nun unsere dominanten Gedanken auf Mangel oder sind wir der inneren Überzeugung, daß uns nur wenig zusteht, beschränken wir unseren Zugriff auf die uns umgebende Fülle auf ein Minimum. Unser Denken und unsere Überzeugungen sind somit die Instanzen, die uns Fülle zukommen lassen oder verweigern. Durch das, was wir aus tiefstem Herzen glauben, erschaffen wir selbst unsere Realität.

Das Gesetz der Fülle ist so auch dem Gesetz der Entsprechung (Resonanz) unterworfen. Wir machen uns also selbst aufgrund unseres Denkens und unserer Überzeugungen für Mangel oder für Fülle resonanzfähig. Dies bedeutet, daß Mangel nur in unserem Denken existiert. Wir kommen also nur in dem Maße in den Genuß der Fülle, wie wir es aufgrund unserer Denkmuster zulassen können.

Schöpfen Sie noch immer mit dem Fingerhut?

Am Rande eines gigantischen Ozeans schöpfen zwei Wesen Wasser. Der eine mit einem riesigen Eimer, den er in große Fässer füllt, der andere mit einem Fingerhut. Der mit dem Fingerhut schöpft in höchster Geschwindigkeit und ist bereits ganz außer Atem. Der mit dem riesigen Eimer füllt diesen bedächtig und gießt den Inhalt mit äußerster Sorgfalt in die Fässer. Böse, mißgünstig und neidisch beobachtet ihn der «Fingerhutschöpfer», bis es irgendwann aus ihm zornig herausbricht: «Was glaubst du eigentlich, wer du bist? Während ich mich bescheiden zurücknehme, schöpfst du den ganzen Ozean leer!» Verwundert schaut der «Eimerschöpfer» auf. Er lächelt und zeigt mit dem Zeigefinger hinaus in die Weite des Ozeans. «Weißt du denn nicht, daß der Ozean unendlich ist? Das Wasser, das wir entnehmen, fließt an anderer Stelle wieder nach. Es ist ein ewiger Kreislauf. Und anstatt mir mein Wasser nicht zu gönnen, solltest du mich lieber fragen, wo ich den Eimer und die Fässer her habe!»

Quelle unbekannt

Gehen wir nun unserem Mangeldenken in Bezug auf immaterielle Bedürfnisse nach.

- Warum gehen wir davon aus, zum Beispiel zu wenig Anerkennung zu bekommen?
- Was überzeugt uns davon, daß dieser Mangel tatsächlich existiert?
- Warum glauben wir, daß unser Bedürfnis nach Anerkennung nur durch andere befriedigt werden kann?

Diese Fragen hängen unmittelbar mit unserem Selbstbild zusammen. Unser Selbstbild ist die Vorstellung, die wir von uns selbst haben, unsere persönliche Einschätzung und Wertschätzung. Im Kapitel «Bringen Sie sich selbst in Ordnung» werden wir unser Selbstbild unter die Lupe nehmen.

Das Gesetz der Freiheit

Nach dem Gesetz der Freiheit sind wir freie Wesen. Wir haben in jedem Moment die Freiheit der Wahl, aber dadurch auch die Pflicht zur Entscheidung. Entscheidungen nicht zu treffen ist im übrigen auch eine Entscheidung, deren Konsequenzen wir letzten Endes tragen müssen.

Freiheit zu leben bedeutet in erster Linie loslassen. Alles loszulassen, was die Freiheit meines Denkens, Handelns, Fühlens und Seins, einschränkt. Die Kahunas, ehemalige Priester Polynesiens, bezeichnen diese Freiheit als KALA, was soviel bedeutet, wie «es gibt keine Grenzen». Alles, woran man glauben kann, ist möglich. Alles ist veränderbar, zuerst in unserem Bewußtsein, dann in unserer Wahrnehmung der Realität, bis es sich schließlich in unserer Realität manifestiert.

Um tatsächlich innerlich frei zu werden, müssen wir vieles loslassen. Negative Gefühle wie Ärger, Neid, Minderwertigkeitskomplexe, Eitelkeit, Aggression, Schuldgefühle. Innere Freiheit bedeutet auch Verzicht auf Machtkampf und Manipulation anderer. Viele Dinge, die mit «wollen» zu tun haben, gehören dazu. Beachtet werden wollen, siegen wollen, geliebt werden wollen, mehr als andere sein wollen, sich durchsetzen wollen und vieles mehr. Solange wir uns von der Energie anderer abhängig machen, können wir nicht wirklich frei sein. Alten Ballast aus unserer Vergangenheit gilt es ebenfalls abzuwerfen. Überholte Wertmaßstäbe, Normen und Traditionen, negatives Denken, alte Verhaltensmuster, negatives Selbstbild, Begrenztheit, Rollen- und Klischeedenken, Intoleranz, alte Glaubenssätze, Mangeldenken, Kontrollsucht und einiges mehr.

«Alles, was wirklich zu mir gehört, kann ich nicht verlieren. Das, was nicht zu mir gehört, kann ich ohnehin nicht halten.»

Quelle unbekannt

Pferde, ein Symbol der Freiheit

Mit Pferden assoziieren wir ein Gefühl der Freiheit. «Der Geschmack von Freiheit und Abenteuer» wird dem Zuschauer in der Werbung gerne durch dahingaloppierende Pferdeherden suggeriert. Auch «Black Beauty» darf im Vorspann des Filmes ohne Halfter über grenzenlose Weiden galoppieren, und «Fury» besticht in alten Filmen durch seinen unbeugsamen Freiheitsdrang. Leider sieht die Realität vieler unserer Sport- und Freizeitpferde ganz anders aus. Viele von ihnen verbringen den größten Teil ihres Lebens «hinter Gittern», oftmals nicht einmal mit Sichtkontakt zum nächsten Artgenossen. Aber nicht nur äußerlich haben wir unseren Pferden die Freiheit genommen. Wir haben sie gezwungen, sich unseren Erwartungen anzupassen. Wildheit wird im wahrsten Sinne des Wortes «gezügelt», wir nehmen unsere Pferde unter die Fuchtel (Gerte). Die Freiheit der Pferde darf sich nur noch in der gewünschten Schwungentwicklung unter dem Sattel bemerkbar machen. Ebenso, wie wir unser eigenes Leben begrenzt und reglementiert haben, so haben wir auch die Pferde in ein enges, erdrückendes Korsett gezwängt. Dabei kann alles doch ganz anders sein. Lernen wir doch durch unsere Pferde: Geben wir ihnen ein Stück ihrer Freiheit wieder und erobern uns die eigene Freiheit wieder zurück.

Loslassen, geschehenlassen, sich tragen lassen

Auf «Bon Jours» blankem Rücken ohne Zäumung durchs Donaumoos zu galoppieren, ist für mich die Erfüllung eines Traumes. Des Traumes von Freiheit und Grenzenlosigkeit, von Vertrauen und Hingabe.

Um frei zu sein, müssen wir also einiges loslassen. Zuallererst unsere Kontrollsucht.

Es mag durchaus vernünftig klingen, ein so starkes, großes Tier wie ein Pferd mit wirksamen Mitteln in Schach zu halten, damit für Mensch und Umgebung keine Gefährdung entsteht. Tatsächlich ist Reiten eines der unfallträchtigsten Hobbies, wie aus Statistiken hervorgeht. Auf der anderen Seite dürfen Sie kein Auto fahren, ohne einen Führerschein zu besitzen, den Sie nur bekommen, wenn Sie nachweislich Autofahren können und die Verkehrsregeln kennen.

Jeder kann sich auf ein Mietpferd setzen, und los geht's – kaufen können Sie sich jedes Pferd, das Sie sich leisten können. Alles, vom Pony bis zum Rennpferd, vom braven Familienpferd bis zum «Knochenbrecher». Sie müssen niemandem Rechenschaft darüber ablegen oder Pferde- oder Reitkenntnisse nachweisen.

Sie merken schon, worauf ich hier hinaus will. Nicht das Pferd ist die Gefahr, sondern der Mensch gefährdet sich selbst durch seine Unwissenheit, Unkenntnis, Unerfahrenheit, oftmals zu wenig trainiertes Körpergefühl und durch seine zu wenig entwickelte Persönlichkeit. Probleme und Unfälle sind so vorprogrammiert. Durch Unkenntnis und Unwissenheit falsch behandelte Pferde stellen wiederum für den nächsten Besitzer oder Reiter ein erhöhtes Risiko dar. Diese Problematik ist nicht durch Unterdrückung der Pferde zu lösen, die Ursache liegt ja ganz woanders, oder?

Wie bereits früher schon erwähnt, haben Pferde ein feines Gespür für SEIN und SCHEIN. Das ist für uns Menschen eine große Herausforderung, aber auch eine große Entwicklungschance.

Die Freiheit, die wir mit Pferden erleben können, beginnt mit dem Loslassen. Damit ist natürlich nicht gemeint, die Pferde in die freie «Wildbahn» zu entlassen. Das wäre sicher kein adäquater Lebensraum mehr. Es geht um das Loslassen unserer Ängste. Im Zuge Ihrer persönlichen Entwicklung werden Sie zunehmend wachsen und stärker werden. Im gleichen Maße können Sie eigene Vorbehalte, Begrenzungen und Ängste loslassen. Sie werden erstaunt sein, wie sich der Umgang mit Ihrem Pferd in Richtung Freiheit verändern wird. Es liegt ganz bei Ihnen, wie und wann Sie auf Ihrem Entwicklungsweg fortschreiten. Der zweite Aspekt ist das Geschehenlassen. Offen sein für den natürlichen Verlauf, ohne sich selbst einzumischen. Es muß nicht alles immer zu einem brauchbaren Resultat führen oder einen mit Argumenten belegbaren Sinn haben. Beginnen Sie, aus sich selbst heraus zu handeln, lassen Sie sich spielerisch auf die Ereignisse ein. Beobachten Sie, fühlen Sie, handeln Sie intuitiv und absichtslos. Spielen Sie mit Ihrem Pferd, vergessen Sie jedwede Dressur für einen Moment. Gestehen Sie sich zu, einmal mit Ihrem Pferd etwas zu tun, was keinen Sinn hat und bei dem auch nichts dabei herauskommen muß. Seien Sie Sie selbst! Lachen Sie, genießen Sie Spaß und Lebensfreude.

Wo immer sich ein Stoppelfeld oder eine abgemähte Wiese finden läßt, sind Jutta und Pasha nicht mehr zu bremsen. Da wird ausgelassen herumgetollt, und schnell vergessen die beiden die Welt um sich herum.

Probieren Sie doch mal die Übung «Freiraum gewähren» aus dem Kapitel «Kontrolldramen» aus.

Sich vom Strom des Lebens tragen lassen ist der dritte Aspekt der Freiheit. Darauf zu vertrauen, daß das Leben für Sie alles bereithält, um glücklich zu sein. Aus der Fülle leben, im Einklang mit sich und der Natur.

Lernen Sie wieder loszulassen, geschehenzulassen, und vertrauen Sie dem Strom des Lebens wie das Flußgeschöpf in der folgenden Parabel von Richard Bach:

... Es gab einmal eine Ansiedlung von Geschöpfen am Grunde eines großen kristallklaren Flusses. Die Strömung ging ruhig über alle hinweg – einerlei, ob jung oder alt, reich oder arm, gut oder böse: Die Strömung ging ihren eigenen Weg, denn sie kannte nur ihr eigenes, kristallklares Selbst.
Jedes Geschöpf klammerte sich in der ihm eigenen Weise fest an die Zweige und Steine im Flußbett, denn ihre Art zu leben bedeutete Sichfesthalten; von Geburt an hatte man ihnen beigebracht, der Strömung zu widerstehen.
Aber unter ihnen gab es ein Geschöpf, das eines Tages sagte: «Ich habe es satt, mich immer festzuhalten! Ich kann es zwar nicht mit meinen Augen sehen, aber ich vertraue trotzdem darauf, daß die Strömung weiß, wohin es geht. Ich werde loslassen, damit mich das Wasser forttragen kann, wohin es will; denn wenn ich mich weiter festhalte, werde ich vor Langeweile sterben.»
Die anderen Geschöpfe lachten und sagten: «Du Narr! Laß nur los, und du wirst sehen, wie die Strömung, die du so verehrst, dich packen und auf die Felsen schmettern wird, und du wirst schneller daran sterben als vor Langeweile!»
Aber dieses eine Geschöpf hörte nicht auf sie: Es holte einmal tief Luft und ließ los und wurde sofort herumgewirbelt und von der Strömung gegen den Felsen geschmettert. Aber noch rechtzeitig trug die Strömung das Geschöpf, das sich nicht mehr festhalten wollte, vom Grunde des Flusses frei, und es wurde nicht länger zerschunden oder verletzt.
Und all die Geschöpfe, die sich stromabwärts angesiedelt hatten und die es nicht kannten, riefen: «Sehet, ein Wunder! Ein Geschöpf wie wir, und doch fliegt es! Seht der Messias ist gekommen, uns alle zu erlösen!»
Und der, den die Strömung getragen hatte, sagte: «Ich bin nicht mehr der Messias als ihr auch. Der Fluß tut nichts lieber als uns zu befreien, wenn wir nur den Mut aufbringen loszulassen. Unsere wahre Aufgabe ist diese Reise, ist dieses Abenteuer.»
Aber sie riefen nur um so lauter: «Erlöser!» und klammerten sich dabei an die Felsen, und ehe sie sich's versahen, war er gegangen, und sie blieben allein zurück und spannen ihre Legenden von einem Erlöser.

aus «Illusionen» von Richard Bach

Genießen Sie, von Ihrem Pferd getragen zu werden. Spüren Sie hinein in Ihr Pferd, machen Sie sich bewußt, daß es eine Brücke für Sie sein kann zwischen Ihrem Ich und der Natur, zwischen Ihrem Ich und der Schöpfung.

«Um frei und glücklich zu leben,
mußt du die Langeweile opfern.
Das ist nicht immer
ein leichtes Opfer.»

AUS «ILLUSIONEN» VON RICHARD BACH

Blockaden, die uns das Leben schwer machen 150

Unser Selbstbild 150

Blockaden, die uns das Leben schwer machen

Die Ereignisse und Begegnungen in unserer Vergangenheit haben uns zweifellos geprägt. Gebote und Verbote, Normen, Wertmaßstäbe, «gute Manieren», Erwartungshaltung anderer an uns und auch wie andere uns selbst einschätzen.

Sie haben sich nun auf den Weg gemacht, Ihr eigenes Potential zu entfalten und die Persönlichkeit an das Tageslicht zu befördern, die Sie eigentlich sind, frei von Fremdbestimmung und der Erwartungshaltung anderer. Sie sind dabei, echt und authentisch zu werden. Dadurch werden Sie frei. Frei von der Vorstellung, nur durch die Energie anderer die eigenen Bedürfnisse befriedigen zu können. Solange unser eigenes Lebensgefühl davon abhängig ist, was andere von uns denken, ob sie uns anerkennen, uns akzeptieren oder mögen, bleiben wir Spielball anderer und damit nur «Trittbrettfahrer» im eigenen Leben.

Suchen wir die Harmonie mit unseren Pferden und der Natur, müssen wir uns selbst erst einmal in Ordnung bringen. Solange in uns Chaos, Angst, Aggression und Abhängigkeit vorherrschen, solange kann auch das Pferd uns nicht als klare Persönlichkeit wahrnehmen. Beginnen wir damit, unser Innenleben zu entrümpeln. Fangen wir am besten gleich mit unserem Selbstbild an.

Unser Selbstbild

Das Bild, das wir von uns selbst haben, prägt unser gesamtes Denken, Handeln, und Fühlen. Grund genug also, um es genauer unter die Lupe zu nehmen. Wie ist Ihr eigenes Selbstbild? Wie stark ist Ihr Selbst-Wert-Gefühl? Fühlen Sie sich wertvoll genug? Wie schätzen Sie Ihre eigenen Fähigkeiten ein?

Vielleicht haben Sie als Kind die Erfahrung gemacht, daß

andere Sie ausgelacht haben, Ihnen vorgesagt haben, Sie würden etwas nicht können oder hätten diese oder jene Begabung nicht. Derartige Urteile, die vor vielen Jahren über uns gefällt wurden, treiben heute in Form von Selbstzweifeln und Minderwertigkeitsgefühlen ihr Unwesen. Ich kann mir gut vorstellen, daß bei einigen unter Ihnen eine alte Wut hochsteigt und Sie geneigt sind, den Personen in Ihrem Leben, die Ihr Selbstwertgefühl und Ihr Selbstbewußtsein negativ geprägt haben, die Schuld für Ihr jetziges negatives Selbstbild zuzuweisen. Stoppen Sie derartige Gedanken sofort! Sie wissen inzwischen: «Die Vergangenheit bestimmt nicht die Zukunft.» Falls sich in Ihnen ein kleines «Armes-Ich» meldet, lesen Sie bitte noch einmal im Kapitel «Frieden schließen mit der Vergangenheit» und versichern Sie sich, daß Ihr Lebensweg Sie an die Stationen geführt hat, die für Ihre Weiterentwicklung wichtig waren.

Verzeihen Sie den Menschen, die Sie in der Vergangenheit nicht positiv motiviert haben, richten Sie Ihren Blick auf die Gegenwart und konzentrieren Sie sich darauf, ab sofort Ihr eigenes Selbstbild bewußt selbst zu pflegen.

Wie stellen Sie sich Ihr ideales Selbst vor? Wie möchten Sie gerne sein? Erinnern Sie sich noch an das Gesetz des Denkens, das besagt, daß Sie alles erreichen und verwirklichen können, von dem Sie eine konkrete Vorstellung haben? Gehen wir doch gleich jetzt daran, Ihr ideales Selbst zu kreiern.

Übung: Mein ideales Selbst

Schließen Sie bitte kurz die Augen, atmen Sie ruhig und gleichmäßig. Genießen Sie die innere Ruhe, die sich nun einstellt. Nehmen Sie Kontakt zu Ihrem Solarplexus-Chakra auf und spüren Sie Ihre innere Kraftquelle. Fragen Sie sich, wie Sie gerne sein möchten, wie der ideale Ausdruck Ihrer selbst sei. Wie glauben Sie, sind Sie wirklich gedacht? Wie ist Ihr Körperbau, Ihre Figur, Ihre Konstitution? Wie könnte Ihre körperliche Erscheinung sein, wenn Sie sie optimieren? Wie ist Ihr Wesen? Was für ein Mensch sind Sie wirklich, wenn Sie Ihr wahres Potential ausschöpfen? Lassen Sie ein möglichst klares Bild von Ihrem idealen Selbst entstehen und tragen Sie es dann in die folgende Tabelle ein.

Bereich	**Mein ideales Selbst**
Körper	
Wesen / Charakter	
Gefühlswelt (emotionale Ebene)	
Gedankenwelt (geistige Ebene)	
Beruf	
Partnerschaft	
Geld	

Ergänzen Sie diese Tabelle wenn Ihnen noch mehr dazu einfällt. Dieses ideale Selbst wird nun künftig Ihr Lehrmeister sein. Fragen Sie sich stets, was würde mein ideales Selbst jetzt in dieser Situation tun? – Und dann folgen Sie dem Rat Ihres idealen Selbstes und Sie werden sehen, daß Sie sich Ihrem Idealbild immer mehr angleichen werden.

Hören Sie auf, sich selbst klein zu machen

Als kleines Kind hörten Sie vielleicht den Satz «Da bist du noch zu klein» oder «das schaffst du nicht, laß das lieber mich machen». Damals mag es unter Umständen auch zugetroffen haben. Möglicherweise haben Sie auch später noch erlebt, daß andere Ihnen nichts zugetraut haben. Jetzt brauchen Sie die Verunsicherung durch andere nicht mehr. Sie tun das selbst – und Sie können es jetzt auch lassen! Stoppen Sie Selbstzweifel sofort. Hören Sie auf, sich selbst klein zu machen. Sprechen Sie sich Mut zu, denken Sie an Ihre bisherigen Erfolge und richten Sie sich auch körperlich auf. Achten Sie auf Ihre Körperhaltung, korrigieren Sie sich selbst. Richten Sie sich zu Ihrer vollen Größe auf.

Die Marionettenübung

Achten Sie künftig auch auf Ihre Körperhaltung, wenn Sie mit Ihrem Pferd zusammen sind. Ihr Pferd ist ein Profi in Sachen Analyse des körperlichen Ausdrucks. Eine schlaffe Haltung ohne leichte, aufrichtende Grundspannung wirkt nicht nur auf uns Menschen, sondern auch auf Pferde wenig beeindruckend. Richten Sie sich deshalb geistig und körperlich auf, und Sie werden sofort bemerken, wie sich auch Ihre Grundstimmung positiv verändert. Wenn Sie nicht wie das «arme Sünderlein» behandelt werden wollen, dann fangen Sie am besten damit an, Ihren körperlichen Ausdruck zu verändern. Korrigieren Sie Ihre mangelnde «äußerliche Aufrichtung» und machen Sie sich bewußt, daß Sie eine einzigartige Persönlichkeit mit einer Fülle von Fähigkeiten und Qualitäten sind und geben Sie so Ihrer «inneren Aufrichtung» den notwendigen Kick. Sie wollen doch nicht, daß Ihr Pferd Sie für einen «schlaffen Sack» hält, mit dem man alles machen kann – oder?

Stehen Sie kurz auf. Sie stehen mit beiden Beinen fest auf dem Boden, die Füße sind etwa schulterbreit auseinander. Nun stellen Sie sich vor, Sie wären am Mittelpunkt Ihres Scheitels wie eine Marionette an einem Faden aufgehängt. Ihre Wirbelsäule wird etwas gestreckt, die Arme hängen locker aus den Schultergelenken nach unten. Ihr Kopf ist gerade, und Ihr Blick geht geradeaus. Sie stehen jetzt in voller Größe da. Wie fühlen Sie sich? Ist Ihnen diese Aufrichtung ungewohnt? Neigen Sie dazu, sich auch körperlich klein zu machen, indem Sie den Rücken rund machen, die Schultern nach vorn rollen, den Kopf einziehen, sich vornüber beugen oder nur ein Bein belasten und mit der Hüfte einknicken? Machen Sie möglichst oft diese «Marionettenübung» und lassen Sie dabei in Ihrem Inneren das Gefühl von Aufrichtigkeit und Stärke entstehen.

Schalten Sie Ihre «Egoposaune» aus

Sollten Sie zu den Menschen gehören, die wie ein D-Zug alles niederrollen, was sich in den Weg stellt, nach dem Motto «wo ich bin ist vorn!», so haben Sie zwar mit der körperlichen Aufrichtung sicher keine Schwierigkeiten, die Reaktion Ihrer Mitwelt zeigt Ihnen aber, daß die Relationen bezüglich Ihres Selbstbildes vielleicht etwas verschoben sind.

Nehmen Sie bewußt Ihre übliche Körperhaltung wahr. Stehen Sie da, sehr gerade, angespannt, mit durchgedrückten Knien, Ihr Kinn etwas vorgeschoben, die Zähne aufeinandergebissen? Reden Sie viel und gerne über sich selbst? Stellen Sie sich gerne in den Mittelpunkt? Erwarten Sie, daß andere sich nach Ihren Wünschen richten?

Vielleicht gehören Sie dann zu den Menschen, die dazu neigen, sich andere Menschen, Tiere oder die Natur «untertan»

Rückzug schafft Raum für Freiwilligkeit.

zu machen. Steigen Sie jetzt bitte von Ihrem Sockel herunter, entspannen Sie sich und machen Sie sich bewußt, daß Sie, auch wenn Sie eine einzigartige Persönlichkeit sind, dennoch, wie alle anderen, nicht mehr Gewicht haben, als ein Sandkorn im Weltall. Auch wenn Sie jetzt enttäuscht sein sollten, Sie sind nicht der Mittelpunkt der Welt. Sie sind Teil eines Ganzen, mit allem, was Sie umgibt in ständiger energetischer Verbindung. Wie alle anderen sind auch Sie angehalten, Ihre Lebensaufgabe zu erkennen und zu verwirklichen. Indem Sie Ihren imaginären Sockel verlassen, integrieren Sie sich wieder in die Gemeinschaft und haben so Anteil am gegenseitigen Austausch.

Lernen Sie sich etwas zurückzunehmen, beobachten Sie, was um Sie herum passiert. Entwickeln Sie Ihre Fähigkeit zuzuhören und geschehen zu lassen. Lernen Sie auch Ihrem Pferd «zuzuhören». Beobachten Sie Ihr Pferd beim Putzen ganz genau. Achten Sie darauf, wie es reagiert, was ihm behagt, wo es ihnen ausweicht und sein Unbehagen zeigt. Gehen Sie auf seine Signale ein und lernen Sie so seine Bedürfnisse und Vorlieben kennen. Massieren Sie es mit den Fingerspitzen dort, wo Ihr Pferd es genießt. Lernen Sie seinen Körper kennen, spüren Sie vorsichtig mit den Händen, an welchen Stellen die Haut sich wärmer bzw. kühler anfühlt. Richten Sie Ihre ganze Aufmerksamkeit auf die Befindlichkeiten Ihres Pferdes und treten dabei selbst in den Hintergrund.

Hören Sie auf, sich selbst Angst zu machen

Schalten Sie den Horrorfilm Ihrer Befürchtungen ab. Indem Sie sich in schlimmste Katastrophen hineinsteigern, geben Sie negativen Gedanken Nahrung und Sie wissen ja, Energie folgt der Aufmerksamkeit.

Beurteilen Sie Risiken und Gefahren sachlich, nüchtern und realistisch. Setzen Sie aber bewußt keine Energie in vage Befürchtungen und Panikmache. Negative unrealistische Gedankengebilde untergraben Ihr Selbstvertrauen und erschweren es Ihnen, Situationen sicher zu meistern. Vertrauen Sie darauf, daß gemäß dem Gesetz der Resonanz nur das in Ihr Leben treten kann, dem Sie auch gewachsen sind. Vertrauen Sie Ihrer inneren Kraft. Warten Sie, bis Schwierigkeiten, die sich trotz Ihrer positiven Einstellung nicht vermeiden ließen, tatsächlich auf Sie zukommen, laufen Sie ihnen aber keinesfalls entgegen! Hierzu einige interessante Tatsachen, die Sie leicht an Hand Ihrer persönlichen Erfahrungen nachprüfen können:

- Größtenteils sind die von Ihnen befürchteten Mißgeschicke nicht eingetreten.
- Die wenigen Mißgeschicke, die tatsächlich eingetreten sind, waren überwiegend nicht annähernd so schlimm, wie Sie es sich in Ihren Ängsten ausgemalt hatten.
- Einige wenige der befürchteten Mißgeschicke waren vielleicht tatsächlich so unerfreulich, wie Sie es sich vorgestellt hatten – Sie haben Sie aber ganz offensichtlich gemeistert!

Lernen Sie auch Situationen mit Ihrem Pferd, die Sie ängstigen oder beunruhigen, realistisch einzuschätzen. Trennen Sie dabei Ihre Gedanken in zwei Rubriken. Zum einen in den Bereich der «Tatsachen» und zum anderen in «Meinungen und Vermutungen». Sie werden feststellen, daß viele Ihrer Befürchtungen nur auf Meinungen und Vermutungen beruhen. Indem Sie sich das bewußt machen, wird es Ihnen auch gelingen, Gefahren richtig einzuschätzen und mit der Angst sinnvoll umzugehen.

Hier ein kleines Beispiel:

Michaela traut sich nicht, mit ihrem Pferd in den Wald zu reiten, weil sie dazu eine verkehrsreiche Straße überqueren müßte. Obwohl das Pferd ziemlich verkehrssicher ist, bleibt sie diesseits der Straße, reitet dort auf Feldwegen über offenes Gelände und verzichtet auf einen Ausritt im Wald, denn sollte ihr Pferd im Wald scheuen und sie abwerfen, könnte es sein, daß das Pferd heimwärts galoppiert und beim Überqueren der Straße einen Unfall verursacht. Dies ist zugegebenermaßen alles durchaus im Rahmen des Möglichen. Trennen wir nun zwischen Tatsachen und Vermutungen:

Tatsachen	**Vermutungen**	**Wahrscheinlichkeit des Eintreffens**
Das Überqueren einer Straße zu Pferd birgt Gefahren.	*Bei einem vermeintlichen Sturz im offenen Gelände läuft das Pferd auf direktem Wege zum Stall und meidet die Straße.*	*Sehr wahrscheinlich, da Pferde dies meist tun.*
	Das Pferd scheut sehr heftig im Wald.	*Es ist zwar möglich, da das Pferd sehr zuverlässig und ruhig ist, aber eher unwahrscheinlich.*
	Die Reiterin stürzt.	*Möglich, da Michaela jedoch eine sehr erfahrene, sichere Reiterin ist, eher unwahrscheinlich. Ihr letzter Sturz liegt 7 Jahre zurück.*
	Nach dem Sturz galoppiert das Pferd heimwärts.	*Sehr wahrscheinlich, das tun die meisten Pferde.*
	Das Pferd verursacht einen Autounfall.	*Möglich, da es sich um eine verkehrsreiche Straße handelt.*

Nun haben wir also in Tatsachen und Vermutungen getrennt und stellen fest, daß Michaelas Befürchtung weitgehend auf Vermutungen basiert. Um zu einer realistischen Einschätzung der Gefahr zu kommen, müssen wir uns Gedanken über die Wahrscheinlichkeit des Eintreffens der vermuteten Ereignisse machen. Jetzt gilt es, Risiken abzuwägen und dann zu entscheiden.

Bemühen Sie sich um eine realistische Einschätzung von Risiken, aber hüten Sie sich davor, vermutete Katastrophen plastisch auszumalen und damit Ängste zu schüren. Wir gehen permanent Risiken ein, im Straßenverkehr, im Haushalt, in der Freizeit, und wer sich richtig hineinsteigern möchte, der geht nicht mehr aus dem Haus aus Furcht vor der berüchtigten Bananenschale. Geben Sie vagen Befürchtungen keine Nahrung, bleiben Sie realistisch und vertrauen Sie auf Ihre Fähigkeiten, denn die Kraft kommt mit dem Tun. Denken Sie doch nur an all die Jungvögel. Eines Tages stehen sie vor ihrem ersten Flugversuch, und keiner von ihnen weiß, ob er tatsächlich fliegen kann. Dann kommt der Moment, wo sie ihre Schwingen ausbreiten und sich vom Nestrand abstoßen – und fliegen!

Bringen Sie sich selbst und Ihrem Pferd größte Wertschätzung entgegen

Wie gehen Sie mit sich selbst und Ihrem eigenen Leben um? Nehmen Sie sich und Ihre Träume ernst? Wie sprechen Sie über sich selbst? Wenn Sie sich selbst geringschätzig behandeln, wird sich Ihr Umfeld dem anschließen. Behandeln Sie sich selbst so, wie Sie es von anderen gerne hätten. Seien Sie sanft, geduldig und liebenswert zu sich selbst. Sprechen Sie von anderen, aber auch von sich selbst niemals abfällig! Den Eigenwert zu kennen und als wertvoll zu erachten hat nichts mit Selbstherrlichkeit oder Arroganz zu tun. Selbstherrlichkeit bedeutet, die eigene Person über die anderer zu stellen – davon ist hier nicht die Rede. Sie brauchen aber Ihr «Licht» auch nicht «unter den Scheffel stellen».

Nehmen Sie sich bitte noch einmal die Liste Ihrer «positiven und negativen Eigenschaften» von Seite 83 zur Hand.

Betrachten Sie die Werte auf der Habenseite. Machen Sie sich bewußt, daß Sie eine einzigartige Persönlichkeit sind.

Bringen Sie auch Ihrem Pferd größte Wertschätzung entgegen. Sprechen Sie von ihm niemals abfällig. Wenn Sie Ihr Pferd geringschätzig behandeln, schaden Sie auch Ihrem eigenen Selbstwertgefühl, denn Sie besitzen offensichtlich etwas Minderwertiges und haben nichts Besseres verdient, oder was meinen Sie? Denken Sie auch an das Gesetz der Resonanz, Sie haben demnach das richtige Pferd – und wie könnte es da anders sein als wundervoll und liebenswert?

Loben Sie sich selbst

Als Kindern hat man uns eingebläut: «Eigenlob stinkt.» Verabschieden Sie sich davon und fangen Sie an, sich selbst für Ihre Leistungen zu loben. Anerkennung ist das wichtigste Instrument der Motivation. Leider können wir nicht immer darauf bauen, daß andere uns mit Anerkennung überhäufen. Indem wir uns selbst loben, spornen wir uns weiter an. Das Gefühl von Stolz ist Balsam für unser Selbstwertgefühl. Sie müssen deswegen ja nicht gleich überheblich werden. Den eigenen Wert zu kennen und die eigenen Leistungen anzuerkennen ist die Basis von Selbstbewußtsein und Selbstvertrauen, also unserem Selbstbild. So wie wir nach außen hin erscheinen, werden wir auch von anderen behandelt.

Was ich gut an mir finde:	Was ich gut an meinem Pferd finde:
meine Geradlinigkeit	*seine Sanftmut*

Gehen Sie behutsam mit Ihrem Bewußtsein um

Machen Sie sich bewußt, daß Sie sich auf einem Weg befinden und der Sinn des Lebens eben dieser Weg ist. Sie brauchen nichts zu forcieren. Verändern Sie, was es in Ihren Augen zu verändern gilt, langsam. Schritt für Schritt, Ihr Ziel im Auge ohne Hast und Eile. Lassen Sie die Dinge in Ihrem Leben reifen. Der Apfelkern, den Sie gestern in die Erde gesetzt haben, kann nicht schon morgen Früchte tragen. Lassen Sie auch die sich nun verändernde Beziehung zu Ihrem Pferd langsam reifen. Genießen Sie das Gefühl, auf dem Weg zu sein, und betrachten Sie Schwierigkeiten und Rückschläge als eben notwendig im Prozeß einer wachsenden Erkenntnis. Es gibt kein bestimmtes Pensum, das zu einer bestimmten Zeit erreicht werden muß. Es gibt auch kein Ziel, sondern nur einen Weg.

Sich zu lieben heißt sich zu fördern

A

Gehören Sie auch zu den Menschen, deren Talente und Fähigkeiten verkannt und nicht gefördert wurden? Hadern Sie vielleicht noch mit Ihrem Schicksal, weil Ihre Eltern Ihnen kein Klavier kaufen wollten, und so aus Ihrer Karriere als Pianist bzw. Pianistin nichts wurde? Nun, dann haben Sie ja die Erfahrung bereits gemacht, wie schade es ist, Fähigkeiten nicht zu nutzen, sondern brach liegen zu lassen. Und, wie machen Sie es jetzt sich selbst gegenüber? Jetzt tragen Sie die Verantwortung für sich und Ihr Leben ganz alleine. Fördern Sie sich? Warten Sie nicht, bis jemand Sie abholt, laufen Sie los!

Meine Stärken und Talente	**Was ich daraus machen werde**

B

Betrachten Sie auch die besonderen Fähigkeiten und Qualitäten Ihres Pferdes. Wie können Sie Ihr Pferd fördern? Was macht Ihrem Pferd Spaß, worin liegen seine Stärken? Worin liegen Fähigkeiten von Ihnen und Ihrem Pferd, die sich verbinden lassen? Bilden Sie mit Ihrem Pferd ein Team und werden Sie selbst zum Manager und Förderer dieses Teams.

Die Stärken und Talente meines Pferdes	Was wir daraus machen werden

Auf der Generalprobe für die Vereinsmeisterschaft einer Reitschule lerne ich Yvonne, eine junge Frau Mitte zwanzig kennen. Sie war mir durch ihre positive Ausstrahlung und ihre Lebendigkeit aufgefallen und nicht zuletzt, weil sie auf einem wunderschönen Schimmel ritt. Sie probte mit ihrem Pferd eine Showeinlage für die Pause zwischen den Prüfungen. Das waren richtige Zirkusnummern, was die beiden da vorführten. Sie sprang mit ihrem Pferd durch einen brennenden Reif, ihr Pferd machte brav seinen «Diener», während wir begeistert applaudierten. Alles sah so leicht und unkompliziert aus. Als ich mich später mit ihr unterhielt, erzählte sie mir, daß sie früher mit sich und ihrem Pferd sehr unzufrieden war. Es war weder für Dressur noch fürs Springen zu motivieren, und dabei wäre sie so gerne auf Turniere gegangen. Lachend meinte sie, «er hatte ein Temperament wie ein toter Fisch». Das, was ich von den beiden gesehen hatte, sah wirklich ganz anders aus. Da war Freude, Lebendigkeit, Energie, Kraft und Spaß zu spüren. Sie erklärte mir diesen Wandel so: «Nachdem wir reiterlich total in einer Sackgasse gelandet waren, und ich schon nahe dran war, das Reiten aufzugeben und das Pferd zu verkaufen, hatte ich eine Idee. Ich mußte etwas finden, was zum einen meinem Pferd Spaß machte und es aus seiner Gleichgültigkeit riß, und zum anderen mußte es etwas sein, das auch mich begeisterte und mir die Möglichkeit gab, mich auch ohne Turniere in der Öffentlichkeit zu präsentieren. Ich kaufte mir ein Buch über Zirkuslektionen mit Pferden und probierte es einfach mal aus. Ach, am Anfang klappte es überhaupt nicht. Im Laufe der Zeit wachte mein «Dicker» dann richtig auf. Er wurde eifrig und gelehrig, und wir hatten viel Spaß miteinander. Tja, und nun zeigen wir unsere Kunststückchen auf diese Art und haben beide unseren Spaß und unsere Bestätigung.»

Achten Sie Ihren Körper

Der Körper ist der Tempel der Seele. Wie sieht Ihr Tempel aus? Gepflegt, durchtrainiert und von gesunder Bausubstanz oder eher vernachlässigt, marode und von Umweltgiften und negativen Gefühlsexzessen angegriffen? Zu einem positiven

Selbstbild gehört auch eine positive Einstellung zum Körper. Treibe ich Raubbau an meinem Körper, so treibe ich Raubbau an mir. Körper, Geist und Seele sind nicht voneinander zu trennen. Die eine Ebene beeinflußt die andere. Negatives Denken schädigt Ihren Körper genauso wie eine ungesunde Ernährung. Viele psychosomatische Leiden belegen das. Umgekehrt wirkt sich körperliche Fitneß und Gesundheit sehr positiv auf unsere seelische Verfassung aus. Gehen Sie bewußter mit Ihrem Körper um.

Stellen Sie sich vor, Sie würden in Ihrem Leben nur ein einziges Auto bekommen und das müßte das ganze Leben lang funktionieren. Wie würden Sie damit umgehen? Würden Sie es mit minderwertigem Treibstoff auftanken, ständig mit Vollgas fahren, weder Öl- noch Wasserstand kontrollieren? Würden Sie es stehenlassen, bis es einrostet, oder lieber doch regelmäßig bewegen? Wenn mal die Luft raus ist, würden Sie dann einfach weiterfahren?

Blättern Sie doch noch einmal zurück zur Beschreibung Ihres idealen Selbstes. Wie sieht Ihr ideales Selbst in körperlicher Hinsicht aus? Entsprechen Sie bereits diesem Ideal oder sind dabei sich dem anzunähern? Wie fit sind Sie? Wie gut ist Ihr Körpergefühl und Ihre Körperbeherrschung? Was können Sie optimieren?

Das möchte ich ab sofort für meine körperliche Fitneß tun:	**wie oft (täglich, wöchentlich, monatlich ...)**

Notieren Sie sich Ihren künftigen Fitneßplan. Setzen Sie sich dabei realistische Ziele und halten Sie das Versprechen, das Sie sich hiermit geben, auch ein.

Egal ob Sie nun auf Ihrem Pferd reiten oder Bodenarbeit machen, ein gewisses Maß an körperlicher Fitneß und Körperbeherrschung ist für die Arbeit mit Pferden unerläßlich. Sie wollen doch Ihrem Pferd eine Freude sein und keine Zumutung, oder? Auf diesem Weg tun Sie auch etwas wirklich Gutes für Ihr Selbstbild.

Jutta und Pasha zum Beispiel gehen mehrmals pro Woche zum Joggen. Allerding nicht in Sandalen, wie hier auf dem Foto.

«Niemals wird dir ein Wunsch gegeben, ohne daß dir auch die Kraft verliehen wurde, ihn zu verwirklichen.

Es mag allerdings sein, daß du dich dafür anstrengen mußt.»

AUS «ILLUSIONEN» VON RICHARD BACH

DER HARMONIEKREIS

Die inneren Instanzen 168

Mit dem Pferd in Einklang 171

Die inneren Instanzen

Sie haben nun Ihre Fähigkeiten entdeckt, kennen die geistigen Gesetze, wissen, daß Sie in der Fülle leben, aber fühlen Sie es auch und haben Sie freien Zugang zu Ihrem inneren Potential?

Es gibt in uns gewisse Instanzen, die wie Zahnräder einer Uhr miteinander verbunden sind. Erst wenn alle Zahnräder richtig verbunden sind, läuft das Uhrwerk. Blockiert auch nur ein Teil, ein winziges Zahnrad, kommt alles zum Stillstand. Es geht also darum, jede dieser Instanzen in uns zu berücksichtigen, sie mit Aufmerksamkeit zu versorgen und sie mit den anderen «Zahnrädern» in Einklang zu bringen.

Diese inneren Instanzen sind:

- Vertrauen
- Glauben
- Selbstbild
- Innere Kraft
- Emotionen / Gefühle
- Realität
- Fähigkeiten
- Verhalten / Tun
- Lebensaufgabe

Um Ihnen dieses «Räderwerk» zu verdeutlichen, möchte ich es mit einem Beispiel erläutern. Stellen Sie sich vor, Sie haben sich zur Lebensaufgabe gemacht, einen Marathonlauf zu gewinnen. Sie sind gesund, das heißt unter Umständen reichen Ihre Fähigkeiten dazu aus. Allerdings haben Sie ein negatives Selbstbild, halten sich für einen Verlierer. Dieses negative Selbstbild wirkt sich auf Ihr Verhalten dahingehend aus, daß Sie kaum trainieren. Dadurch schwindet Ihr Vertrauen auf einen Sieg, und Sie verlieren den Glauben daran, Ihre Lebensaufgabe erfüllen zu können. Dies gibt Ihnen ein Gefühl tiefen Unbefriedigtseins, und Sie verlieren an Energie. Am Ende, Sie haben es wohl schon kommen sehen, kollidiert die ursprüngliche Lebensaufgabe mit der Realität. Alle Räder stehen still. Wir sollten also darauf achten, daß sich diese einzelnen Instanzen gegenseitig unterstützen und vermeiden, daß wir uns in einem Teilbereich selbst sabotieren. Laufen die «Räder» zusammen, entsteht in uns ein tiefes Gefühl der Harmonie, des Ganzseins und der Erfüllung.

Übung Bodenanker

Die nachfolgende Übung entstand in Anlehnung an das «Alignment» aus dem «Mastertraining», einem s.e.i.®-Seminar von Dieter M. Hörner, Rosenheim.

Wir werden jetzt in dieser Übung ganz bewußt diese Harmonie in Ihnen herstellen. Dazu brauchen Sie:

- Eine gute halbe Stunde Zeit, in der Sie ungestört sind,
- 9 Blätter Papier, am besten DIN A4 und wenn möglich, verschiedenfarbig.
- Dann noch einen dicken Plakatstift und los geht's.

Schreiben Sie nun bitte auf jedes Papier eine der inneren Instanzen. Die Reihenfolge ist beliebig. Nun werden wir jede einzelne Instanz in Ihnen «abankern». Das ist ein Begriff aus dem NLP, dem neurolinguistischen Programmieren. Das bedeutet, der Begriff zum Beispiel «Vertrauen» wird mit einem intensiven Gefühl verbunden und so in Ihrem Unterbewußtsein gespeichert. Das Wort «Vertrauen» wird zum Anker eines tiefen Gefühles des Vertrauens. In Ihrem Alltag haben Sie eine Fülle derartiger Anker, Sie sind sich dessen nur nicht bewußt. Sie riechen vielleicht ein bestimmtes Bohnerwachs und werden sofort an Ihre Schulzeit erinnert, an die langen Korridore und die riesigen Holztreppen. Oder Sie hören einen Musiktitel, und sofort erscheint die Erinnerung an Ihre damalige große Liebe. Die Werbung macht sich diese Technik natürlich auch zunutze. Woran denken Sie zum Beispiel bei einer lila Kuh - vielleicht an Schokolade?

Zurück zu den Ankern. Fangen wir mit «Vertrauen» an.

- Legen Sie nun das Blatt mit der Aufschrift für Sie lesbar vor sich auf den Boden.
- Schließen Sie die Augen

- Gehen Sie in Ihrer Erinnerung zurück in eine Situation in Ihrem Leben, in der Sie tiefstes Vertrauen empfunden haben
- Gehen Sie in dieses Gefühl ganz hinein
- Lassen Sie es ganz stark werden
- Genießen Sie das Gefühl des vollkommenen Vertrauens
- Intensivieren Sie dieses Gefühl
- Treten Sie nun einen Schritt vor und stellen Sie sich auf Ihr Blatt «Vertrauen»
- Fühlen Sie noch mal tiefstes Vertrauen
- Treten Sie wieder einen Schritt zurück
- Denken Sie etwas anderes
- Stellen Sie sich wieder auf Ihren Anker «Vertrauen» und beobachten Sie, wie sofort ein Gefühl tiefsten Vertrauens in Ihnen aufsteigt

Wenn Sie möchten, testen Sie Ihren Anker noch einige Male auf diese Weise, ansonsten wenden Sie sich dem nächsten Anker zu. Wieder legen Sie das Blatt vor sich auf den Boden, schließen die Augen und erinnern sich an eine Situation in Ihrem Leben in der Sie « ... » ganz intensiv gespürt haben. Intensivieren Sie dieses Gefühl so stark wie möglich. Dann treten Sie wieder auf Ihren Anker. Lassen « ... » noch einmal ganz intensiv werden und verlassen Ihren Anker wieder. Ein-, zweimal testen, und nächster Anker. Ankern Sie so alle Blätter ab.

Suchen Sie sich einen schönen, ruhigen Platz und legen Sie Ihre «Anker» im Kreis aus.

Nun legen Sie diese Anker in einem Kreis um sich herum auf den Boden so, daß Sie die Begriffe auf den Blättern lesen können. Stellen Sie sich in die Mitte des Kreises und testen Sie Ihre Anker. Lassen Sie das jeweilige Gefühl hochsteigen, treten Sie wieder zurück und wählen Sie einen anderen Anker. Stellen Sie sich vor, wie Sie bei jedem Zurücktreten dieses Gefühl mit in die Mitte des Kreises, in Ihr Zentrum nehmen. In Ihrem Zentrum verbinden sich damit die einzelnen «Zahnräder». Genießen Sie das sich dabei einstellende Gefühl der Harmonie und des inneren Friedens. Machen Sie sich bewußt, daß jetzt alles in Ihnen vereinigt ist, die «Zahnräder» laufen ineinander und Sie haben vollen Zugang zu Ihrem Potential.

Mit dem Pferd in Einklang

Durch diese «Ankertechnik» können Sie nun überprüfen, ob zum Beispiel ein Vorhaben, Ihr Beruf oder Ihre Lebenssituation eine «runde Sache» ist. Sie legen dazu Ihre «Anker» im Kreis, denken an das, was Sie «austesten» wollen, und überprüfen, ob diese Angelegenheit in Bezug auf «Vertrauen», «Glaube» ... stimmig ist. Sie werden es deutlich fühlen, welche Bereiche Ihnen ein gutes Gefühl geben und welche Ihnen Energie abziehen. Auf diese Art können Sie nun auch die Beziehung zu Ihrem Pferd prüfen.

Legen Sie dazu bitte Ihre «Anker» aus. Stellen Sie sich in die Mitte, schließen Sie die Augen und stellen Sie sich Ihr Pferd vor. Lassen Sie vor Ihrem geistigen Auge Ihr Pferd ganz deutlich in Erscheinung treten. Verbinden Sie das Bild mit einem Gefühl. Nun prüfen Sie Ihre «Anker», indem Sie mit den Gedanken und dem Gefühl an Ihr Pferd auf die einzelnen «Anker» treten.

Selbstbefragung

Anker	Fragen:
Vertrauen	*Haben Sie zu Ihrem Pferd tiefstes Vertrauen, vertraut Ihnen Ihr Pferd?*
Glauben	*Woran glauben Sie? Wie sieht Ihr Weltbild aus?*
Selbstbild	*Haben Sie das Gefühl authentisch zu sein, wenn Sie bei Ihrem Pferd sind?*
Innere Kraft	*Sind Sie sich Ihrer inneren Stärke bewußt, fühlen Sie sich sicher?*
Gefühl	*Empfinden Sie ein durchweg positives Gefühl Ihrem Pferd gegenüber?*
Realität	*Entspricht die Realität Ihrer eigenen Philosophie dem Pferd gegenüber?*
Fähigkeiten	*Fühlen Sie sich Ihrem Pferd gewachsen?*
Verhalten, Tun	*Verhalten Sie sich Ihrem Pferd gegenüber entsprechend Ihrer Ideale?*
Lebensaufgabe	*Haben Sie die Botschaft Ihres Pferdes verstanden und arbeiten daran?*

«Anker»-Checkliste

Merken oder kennzeichnen Sie sich diejenigen «Anker», die sich eher flau angefühlt haben. Tragen Sie dann bitte Ihre Gefühle, Gedanken oder inneren Bilder in die nachfolgende Tabelle ein.

Verändert sich Ihr Gefühl? Horchen Sie in sich hinein. Ist die Beziehung zu Ihrem Pferd in dieser Hinsicht stark, steigt in Ihnen dabei ein gutes oder ein eher mulmiges Gefühl auf?

Sie werden bei dieser Übung vielleicht die eine oder andere Schwachstelle oder sagen wir besser, den förderungswürdigen Aspekt, finden. Das ist gut so! Dadurch haben Sie jetzt die Möglichkeit, ganz konkret an dem einen oder anderen Punkt zu arbeiten. Je konkreter Sie den Bereich eingrenzen können, der das Zusammensein mit Ihrem Pferd noch nicht richtig rund erscheinen läßt, desto leichter werden Sie die jetzt notwendigen Schritte unternehmen können.

Wir werden gleich «zweigleisig» an diesen Punkten arbei-

Anker	Gefühle, Gedanken, Bilder	Meine Erkenntnis
Vertrauen		
Glauben		
Selbstbild		
Innere Kraft		
Gefühl		
Realität		
Fähigkeiten		
Verhalten, Tun		
Lebensaufgabe		

ten. Wir werden mental daran gehen, den gewünschten Zustand in Ihrem Unterbewußtsein zu speichern. Wie Sie ja wissen, folgt die Energie der Aufmerksamkeit und unsere dominanten Gedanken, Gefühle und inneren Bilder streben zu deren Verwirklichung. Auf der «realen» Ebene sind Sie gefordert. Jetzt geht es darum, konkret am «Sollzustand» zu arbeiten.

Machen Sie sich bewußt, daß nur Sie selbst etwas ändern können, und Veränderungen setzen beides voraus – die Erkenntnis und die Tat. Es geht also hier darum, konkrete Schritte zu unternehmen, um eine Veränderung in der gewünschten Richtung zu erzielen.

Die nachfolgenden Übungen sind nur Anregungen. Lassen Sie Ihrer eigenen Kreativität freien Lauf. Lassen Sie sich von Ihrem Pferd inspirieren, hören Sie auf Ihre innere Stimme und handeln Sie aus dem Bauch heraus.

Vertrauen

A

Mentale Übung:

Stellen Sie sich eine Situation vollkommenen gegenseitigen Vertrauens zwischen Ihnen und Ihrem Pferd vor. Fühlen Sie, wie sich Ihr Pferd Ihnen vertrauensvoll anschließt und ruhig und gelassen an einem furchteinflößenden Objekt vorbeigeht. Lassen Sie in sich ein Bild und ein Gefühl entstehen. Sie sitzen ohne Sattel und Zaumzeug auf Ihrem Pferd und reiten durch eine wunderschöne Landschaft. Sie fühlen sich sicher und geborgen auf dem Rücken Ihres Pferdes. Es bringt Sie dahin, wo immer Sie hin möchten.

B

Praktische Übung:

«Sissi» würde ihrer «Leitstute» Manfred bis ans Ende der Welt folgen. Solange er dabei ist, ist für sie die Welt in Ordnung.

Bitten Sie einen Helfer, Ihr Pferd zu führen, während Sie auf dem blanken Rücken Ihres Pferdes sitzen. Atmen Sie ruhig, tief und gleichmäßig. Genießen Sie das Gefühl getragen zu werden. Nehmen Sie mental Verbindung zu

Ihrem Pferd auf. Fühlen Sie seine Bewegungen und gehen Sie in dieses Wiegen mit ein. Falls Sie noch körperliche Verspannungen fühlen, stellen Sie sich vor, wie bei jedem Ausatmen die Anspannung Ihren Körper verläßt. Sie sinken bei jedem Ausatmen tiefer in den Pferderücken. Wenn Sie sich auf Ihrem Pferd bereits sicher fühlen, schließen Sie die Augen. Fühlen Sie, wie Ihr Körper mit den Bewegungen Ihres Pferdes verschmilzt. Lassen Sie Ihr inneres Bild von einem Ritt durch eine wunderschöne Landschaft wieder vor Ihrem geistigen Auge auftauchen. Verbannen Sie negative Vorstellungsbilder aus Ihrem Inneren, indem Sie sie mit einem imaginären Staubsauger einsaugen oder mit einem Radiergummi ausradieren.

Lassen Sie Ihr Pferd von jemandem führen und genießen Sie das Gefühl, getragen zu werden. Schließen Sie die Augen und öffnen Sie sich ganz neuen Empfindungen.

Glaube

A

Philosophische Betrachtungen:

Schließen Sie die Augen und horchen Sie nach innen. Woran glauben Sie? Wie sieht Ihr Weltbild, Ihre Lebensphilosophie aus? Entspricht es Ihrem Glauben, daß wir alle Teil eines Ganzen sind? Welchen Platz nimmt hier Ihr Pferd ein? Haben Sie es sich «untertan» gemacht, frei zur jedweden Verwendung und Benutzung oder fühlen Sie die Verbindung mit allem Lebendigen, die Einheit der Schöpfung?

B

Praktisches Erleben:

Suchen Sie mit Ihrem Pferd zusammen einen schönen Ort in der Natur auf. Suchen Sie sich einen Zeitpunkt heraus, an dem Sie dort ungestört sein können. Nehmen Sie bewußt wahr, welche Stimmung Sie umgibt. Ist es Morgen oder Abend? Lauschen Sie den Stimmen der Natur. Sind Vögel oder andere Tiere zu hören, rauschen Blätter, wie hört sich der Boden unter den Hufen Ihres Pferdes an? Welche Gerüche liegen in der Luft? Riecht es nach feuchtem Laub, nach Harz, nach Pferd? Atmen Sie tief ein und aus. Spüren Sie, wie alles atmet, Sie selbst, Ihr Pferd, die Bäume, einfach alles, was Sie umgibt. Machen Sie sich bewußt, daß Sie Teil eines Ganzen sind, vollkommen integriert in die Schöpfung und mit Verbindung zu allem Lebendigen.

Selbstbild

A

Mentale Übung:

Stellen Sie sich Ihr ideales Selbst vor. Welche Eigenschaften und Fähigkeiten zeigt Ihr ideales Selbst? Sehen Sie Ihr ideales Selbst mit Ihrem Pferd agieren. Beachten Sie die Harmonie, die von diesem Bild ausgeht. Sie sehen, wie Ihr ideales Selbst vollkommen ungezwungen aus sich selbst heraus handelt und mit spielerischer Leichtigkeit mit Ihrem Pferd kommuniziert. Machen Sie sich bewußt, daß Ihr ideales Selbst ein Teil von Ihnen ist, ein Teil, der dabei ist sich zu entfalten. Sehen Sie sich nun selbst vor Ihrem inneren Auge, wie Sie sicher jede Situation meistern, weil Sie sich mit Ihrem Denken, Handeln und Fühlen vollkommen identifizieren. Sie sind authentisch. Jede Bewegung drückt Sie selbst aus, klar, sicher und souverän.

B

Praktische Übung:

Suchen Sie sich eine Herausforderung mit Ihrem Pferd aus, die für Sie bisher nur unbefriedigend zu lösen war. Eine Situation, in der Sie bisher nicht mit sich selbst zufrieden waren. Es genügt eine kleine Aufgabe.
Lassen Sie nun vor Ihrem geistigen Auge wieder das Bild Ihres idealen Selbst auftauchen. Werden Sie zum Regisseur Ihres Filmes. Lassen Sie Ihr ideales Selbst nun diese kleine Aufgabe lösen. Wie geht Ihr ideales Selbst vor? Beobachten Sie, wie sicher und souverän Ihr ideales Selbst mit dieser Herausforderung fertig wird. Pferd und Mensch bilden ein harmonisches Team.
Gehen Sie nun daran, sich selbst dieser kleinen Aufgabe zu stellen. Machen Sie es wie Ihr ideales Selbstbild. Handeln Sie dementsprechend. Wiederholen Sie diese Aufgabenstellung immer wieder, bis Sie mit Ihrem eige-

nen Handeln vollkommen zufrieden sind. Bis Sie deutlich fühlen, daß Sie aus sich heraus handeln, Ihr Handeln Ihrem idealen Selbstbild entspricht.

Innere Kraft

A

Mentale Übung:

Suchen Sie sich einen ruhigen angenehmen Ort, an dem Sie ungestört sind. Stellen Sie sich aufrecht, die Beine schulterbreit auseinander, hin. Legen Sie eine Hand auf Ihr Solarplexus-Chakra, das ist drei Fingerbreit oberhalb des Bauchnabels. Atmen Sie bewußt in diesen Bereich und beobachten Sie, wie sich mit jedem Einatmen die Energie in Ihrem Solarplexus verdichtet. Sie fühlen jetzt die Quelle Ihrer inneren Kraft. Genießen Sie Ihre «Power» und Durchschlagskraft.

B

Praktische Übung:

Bevor Sie mit Ihrem Pferd zusammen sind, atmen Sie in den Solarplexus und reichern diese Körperregion mit Energie an. Beobachten Sie anschließend, wie Ihr Pferd reagiert, wenn Sie Ihre innere Kraft aktiviert haben, fühlen Sie Ihre eigene wachsende Sicherheit und Klarheit.
Wenn Sie die Möglichkeit haben im Pikadero oder auf dem Reitplatz mit Ihrem Pferd ungestört zu arbeiten, dann lassen Sie Ihr Pferd frei laufen. Fangen Sie an, mit ihm zu spielen. Tollen Sie herum, achten Sie dabei aber bitte darauf, daß Ihr Pferd immer einen Fluchtweg frei hat. Nun können Ihre Energien frei fließen. Lassen Sie Ihre Bewegungen kraftvoll und energiestrotzend werden. Achten Sie auf die Reaktionen Ihres Pferdes. Sollte es nervös oder ängstlich werden, nehmen Sie Ihre Energie bitte wieder etwas zurück. Machen Sie langsame, weiche und trotzdem kraftvolle Bewegungen.

Emotion / Gefühl

A

Mentale Übung:

Legen Sie eine Hand auf Ihr Herzchakra. Atmen Sie in diesen Bereich und beobachten Sie, wie in Ihnen ein Gefühl der Zuneigung aufsteigt. Verbinden Sie dieses Gefühl der Zuneigung mit Ihrem Pferd. Stellen Sie sich vor, diese Zuneigung wäre sichtbar etwa wie weißes Licht. Hüllen Sie Ihr Pferd in dieses weiße Licht ein.

B

Praktische Übung:

Nachdem Sie Ihr Pferd in das weiße Licht Ihrer Zuneigung gehüllt haben, beginnen Sie es langsam und vorsichtig zu berühren. Lassen Sie das Gefühl der Zuneigung durch Ihre Finger hindurchströmen. Achten Sie auf die Reaktion Ihres Pferdes. Wo genießt es Ihre Berührung, wo entzieht es sich. Konzentrieren Sie sich auf die Körperregionen, an denen Ihr Pferd sich berühren lassen will. Genießen Sie die dabei entstehende Verbindung.

Realität

A

Mentale Übung:

Schlüpfen Sie in die Rolle eines nüchternen Sachverständigen oder Beraters. Schalten Sie dazu die Gefühlsebene aus, aktivieren Sie Ihren analytischen Verstand. Aus der Perspektive dieses Beraters machen Sie eine sachliche Bestandsaufnahme der gegenwärtigen Beziehung zu Ihrem Pferd (Ist-Zustand). Notieren Sie sich die Punkte, die für Sie dabei wichtig sind. Was ist Ihre Zielsetzung (Soll-Zustand)? Lassen Sie Ihren Berater eine nüchterne Planung zur Verwirklichung Ihrer Ziele erstellen. Stellen Sie sich vor, wie Sie kontinuierlich zusammen mit Ihrem sachlichen Berater an der Realisierung arbeiten. Welche Schritte sind nötig zur Verwirklichung des Soll-Zustandes?

B

Praktische Übung:

Nehmen Sie sich einen Punkt des Soll-Zustandes heraus, der noch nicht verwirklicht ist. Prüfen Sie, ob alle zur Verwirklichung notwendigen Voraussetzungen vorhanden sind. Betrachten Sie sachlich Ihr Pferd. Wie ist sein körperlicher Zustand? Wie ist seine seelische Verfassung? Sind seine Lebensbedingungen artgerecht? Wie ist sein Ausbildungszustand? Ist das Erreichen dieses Zieles im Sinne des Pferdes? Und wie verhält es sich mit Ihnen selbst? Wie fit sind Sie selbst? Verfügen Sie über ausreichende Kenntnisse und Erfahrung? Warum wollen Sie dieses Ziel unbedingt erreichen, worin besteht Ihre Motivation? Ist der erwünschte Soll-Zustand ein realistisches Ziel? Wenn ja, notieren Sie sich die möglichen kleinen Zwischenschritte zur Verwirklichung Ihres Ziels. Teilen Sie es in überschaubare Einheiten auf und arbeiten Sie diese Einheiten konsequent ab.

Fähigkeiten

A

Mentale Übung:

Machen Sie sich Ihre Fähigkeiten bewußt. Schließen Sie die Augen und lassen Sie ein inneres Bild erscheinen, in dem Sie einige Ihrer Fähigkeiten, in Bezug auf Ihr Pferd, nutzen. Sie leben Ihre Fähigkeiten aus. Genießen Sie das Gefühl, kompetent und fähig zu sein.

Nehmen Sie bitte noch einmal Ihre Liste zur Hand, in der Sie Ihre Fähigkeiten und Talente notiert haben.

B

Praktische Übung:

Suchen Sie sich eine kleine Aufgabe mit Ihrem Pferd, die Ihnen ermöglicht, Ihre Fähigkeiten einzubringen.
Wenn zum Beispiel Geduld und Beharrlichkeit zu Ihren Fähigkeiten gehören, bringen Sie Ihrem Pferd eine neue Lektion bei. Vielleicht eine kleine Zirkuslektion oder eine Trailübung?

Verhalten / Tun

A

Mentale Übung:

Lassen Sie kurz die letzten Erlebnisse mit Ihrem Pferd noch einmal Revue passieren. Wie haben Sie sich verhalten? Wie hätten Sie sich gerne verhalten? Entspricht Ihr Tun der inneren Überzeugung vom Umgang mit Pferden? Wo weicht Ihr tatsächliches Verhalten von Ihren Idealvorstellungen ab? Erinnern Sie sich an eine Begebenheit, die Ihnen dies verdeutlicht hatte. Schließen Sie die Augen und gehen Sie in Gedanken zurück in die betreffende Situation. Wie hätten Sie sich in Ihren Augen optimal und Ihrer inneren Überzeugung gemäß verhalten? Werden Sie wieder zum Regisseur Ihres Filmes. Drehen Sie den Film so, daß er Ihrem idealen Verhalten vollkommen entspricht. Sie sind der Hauptdarsteller, folgen Sie den Anweisungen des Regisseurs. Sie sehen nun sich selbst optimal handeln. Ihr Handeln entspricht Ihrer eigenen Philosophie und Idealvorstellung vom Umgang mit Pferden. Lassen Sie diesen Film immer wieder ablaufen und identifizieren Sie sich mit seinem Inhalt. Dadurch prägen Sie sich Ihr gewünschtes Verhalten ein und können bei nächster Gelegenheit Ihrer inneren Überzeugung gemäß handeln.
Lisa, eine Seminarteilnehmerin, hatte auf dem Anker «Verhalten/Tun» ihren «flauen» Punkt. Sie schilderte uns ihr Problem: «Ab und zu ertappe ich mich dabei, daß ich beim Reiten anderen imponieren will. Ich übe dann auf mein Pferd heftigen Druck aus, damit es funktioniert und ich Eindruck schinden kann. Danach komme ich mir völlig bescheuert vor und ärgere mich über meine Profilierungssucht. Ich fühle mich dann meinem Pferd gegenüber richtig mies, denn wider meiner eigenen Überzeugung habe ich es für meinen Egotrip benutzt.»

B

Praktische Übung:

Als Anregung möchte ich Ihnen Lisas selbst erstellten Plan zur Verhaltensänderung vorstellen:

- Stufe 1: Immer wenn ich merke, daß ich bei anderen Eindruck schinden will, lasse ich mein Pferd am hingegebenen Zügel laufen, entspanne mich und stelle mir vor, wie mein ideales Selbst jetzt handeln würde.
- Stufe 2: Gelingt es mir, wieder ganz ruhig und klar zu sein, arbeite ich mit meinem Pferd, entsprechend meinem idealen Selbst, weiter. Finde ich jedoch nicht zu meiner Gelassenheit zurück, beende ich meine Arbeit mit dem Pferd und steige ab.

Lisa berichtete mir später, daß es anfangs schwer war, dem Geltungsdrang zu widerstehen. Nach Stufe 1 und 2 fühlte sie sich aber großartig, weil sie sich und ihren Idealen treu geblieben war. Es war ihr gelungen, ein altes, nicht mehr zu ihr passendes Verhaltensmuster zu überwinden.

Lebensaufgabe

Im Kapitel «Die geistigen Gesetze» haben wir uns mit dem Zufall beschäftigt. Sie haben hier notiert, mit welchen Herausforderungen Sie Ihr Pferd konfrontiert. Können Sie darin eine Aufgabe erkennen? Worin sehen Sie Ihre Lebensaufgabe? Sind Sie dabei, sie zu lösen?

Blättern Sie bitte zurück auf Seite 72.

*«Ob wir etwas lernen, hängt nicht davon ab,
ob wir ein Spiel verlieren oder nicht,
sondern wie wir es verlieren,
wie diese Niederlage uns verändert
und was für neue Erkenntnisse wir
daraus ziehen, um sie dann wieder auf
andere Spiele anzuwenden.
In gewisser Weise – so merkwürdig es
auch klingen mag – ist die Niederlage ein
Sieg.»*

AUS «BRÜCKE ÜBER DIE ZEIT» VON RICHARD BACH

DER WEG IST DAS ZIEL

Ist erst einmal der Mensch wieder in Ordnung ... 187

Epilog 188

Danksagung 189

Der Weg ist das Ziel

Wenn Sie nun am Ende dieses Buches angelangt sind, alle Übungen und Spiele gemacht haben, stehen Sie jetzt vor einem wunderbaren neuen Anfang.

Die Grundfesten des Althergebrachten sind hoffentlich ins Wanken geraten, manches wurde in Frage gestellt, Blickwinkel verändert und nun stehen Sie vor der Aufgabe, das für Sie richtige zu selektieren, es zu verinnerlichen und in Ihr Leben zu integrieren. Der Beginn eines wunderbaren Weges.

Manchmal werden Sie vielleicht feststellen, daß vieles sehr plausibel klingt, sich aber nicht ganz leicht in das eigene Leben integrieren läßt. Manchmal erscheint es Ihnen womöglich, als würden Sie gegen eine innere Wand, einen inneren Widerstand anrennen. Allzu leicht rutscht man dann auch wieder in das alte Fahrwasser zurück. Lassen Sie sich davon nicht entmutigen. Loben Sie sich für Ihre Bemühungen, verzeihen Sie sich begangene Fehler, holen Sie neuen Schwung und versuchen Sie es erneut.

Thomas A. Edison zum Beispiel brauchte zehn von Fehlschlägen gepflasterte lange Jahre bis zu seiner Erfindung des Nickel-Eisen-Akkumulators. Alle seine Erfindungen, die Glühbirne eingeschlossen, verdanken wir ausschließlich seiner Beharrlichkeit. Es ist nicht zu übersehen: Mit Mißerfolgen pflastert man seinen Weg zum Erfolg!

Veränderungen brauchen ihre Zeit. Die in diesem Buch behandelten Themen und Übungen sind viel tiefgreifender als es den Anschein haben mag. Geben Sie sich Zeit, die gewonnenen Einsichten zu verarbeiten. Auch Ihr Pferd braucht Zeit, sich an Ihre veränderte Einstellung zu gewöhnen. Lassen Sie neu gewonnene Erkenntnisse in sich reifen, forcieren Sie nichts. Sie sind schließlich kein Computer, in den man nur einfach eine andere Software einzulesen braucht. Es geht auch nicht darum, etwas zu einem bestimmten Zeitpunkt erreicht zu haben – wichtig ist nur, daß Sie auf dem Weg sind. Genießen Sie das «Spiel des Lebens», verfolgen Sie Ihren eigenen Weg bewußter und freuen Sie sich über Ihren vierbeinigen Lehrmeister.

Arbeiten Sie mit Ihrem Pferd wie bisher, mit einem einzigen kleinen Unterschied, nämlich dem, daß Sie zulassen, wie sich allmählich Ihre Einstellung und Ihr Verhalten verändert. Überfordern Sie sich nicht mit einem Absolutheitsanspruch. Pflegen Sie Ihr Saatkorn, lassen Sie es zu einem zarten Pflänzchen gedeihen und irgendwann zu einem großen wunderschönen, riesigen Baum werden.

Wenn Sie das nächste Mal auf Ihr Pferd Druck ausüben, manipulieren, kontrollieren, resignieren, ausflippen, es benutzen und sich dann plötzlich ein ungutes Gefühl einstellt, Sie innehalten und Ihnen bewußt wird, daß Sie all das nicht mehr haben wollen, neue Gedanken in Ihrem Bewußtsein aufsteigen, dann hat dieses Buch seinen Sinn erfüllt, dann sind Sie auf dem Weg.

Ist erst einmal der Mensch wieder in Ordnung ...

Ein kleiner Junge wollte mit seinem vielbeschäftigten Vater spielen. Der Vater, schon etwas genervt, überlegte, wie er seinen Sprößling eine Weile beschäftigen könnte. Er fand in einer Zeitschrift eine komplizierte Abbildung der Erde. Er riß das Bild in viele kleine Einzelteile und dachte, mit so einem schwierigen Puzzle ist der Junge bestimmt lange beschäftigt. Der Junge breitete die Schnipsel auf dem Boden aus, und begann das Bild zusammenzusetzen. Fünf Minuten später erschien er bereits mit dem fertigen Puzzle. Der Vater fragte verwundert, wie es ihm denn so schnell gelungen wäre. Da erklärte ihm sein Sohn: «Weißt du, auf der Rückseite war ein Mensch abgebildet. Da habe ich den Menschen wieder richtig zusammengesetzt, das ging ganz schnell. Sobald der Mensch repariert war, war auch die Welt wieder in Ordnung.»

(Quelle unbekannt)

Man könnte auch sagen:
«Ist erst einmal der Mensch wieder in Ordnung, wird auch die Welt der Pferde wieder heil werden können.»

Epilog

Pferde haben in allen Zeitaltern und Kulturen einen besonderen Status genossen und beschäftigten die Phantasie der Menschen von jeher. Bereits die prähistorischen Menschen hatten eine Vorliebe für das Pferd, wie Felszeichnungen in den Höhlen von Lascaux zeigen. Auch in der griechischen Mythologie spielte das Pferd eine herausragende Rolle.

Sehnte sich vielleicht schon damals der Mensch nach einer Einheit zwischen Mensch und Pferd? Der Parthenon-Fries zeigt auch noch etwas anderes: Die darauf abgebildeten Reiter sitzen auf ungesattelten und ungezäumten Pferden. Hatten die auf wilden Pferden mit einander kämpfenden Menschen andere Kommunikationsmittel als Zügel, Gebiß, Sporen und Peitsche?

Waren uns unsere Vorfahren in Bezug auf die Verständigung zwischen Mensch und Pferd voraus? Haben wir vielleicht ihr altes Wissen um die Einheit mit den Pferden verloren? Spätere Abbildungen zeigen in der Regel gezäumte, gesattelte, dem Menschen unterworfene Pferde. Aufgerissene, sich der Zäumung widersetzende Pferdemäuler sind darauf keine Seltenheit und sollen wohl die bezwungene Wildheit des Pferdes verdeutlichen. Es mußte sich im Lauf der Geschichte etwas Gravierendes in der Beziehung des Menschen zu den Pferden verändert haben. Wann fiel der Mensch aus der Einheit mit den Pferden und damit mit der Natur heraus? Ist es nicht an der Zeit, zum Einklang mit Pferden zurückzufinden? Ein Umdenken ist bereits spürbar, die Sensibilität Pferden gegenüber steigt, auch wenn es noch immer traurige Beispiele für Tierquälerei auf Transporten, bei Tierversuchen oder im Bereich des Pferdesports gibt. Es ist ein langsamer Prozeß, der mit einer allgemeinen Umorientierung der Gesellschaft einhergeht.

Veränderungen im Großen haben ihren Ursprung im Kleinen. Jeder einzelne trägt durch seine Existenz dazu bei, dem Ganzen Schaden oder Nutzen zuzufügen. Wollen wir für das Wohl der Pferde eintreten, so müssen wir zuerst uns Menschen „reparieren", unser Denken verändern und uns selbst fühlen, erst dann wird sich als logische Konsequenz das heute noch existierende Elend der Pferde auflösen.

Immer mehr Menschen fragen nach dem Sinn des Lebens, orientieren sich neu, sind bereit, hinter das Augenscheinliche zu blicken. All diese Menschen werden durch eine innere Kraft angespornt, nach Wahrheiten und Erkenntnissen zu suchen, und machen sich auf, ihren Lebensweg bewußter zu verfolgen.

Ich freue mich, daß auch Sie zu den Menschen gehören, die sich auf den Weg machen.

Danksagung

Mein besonderer Dank gilt meinen Pferd „Bon Jour", das mich kontinuierlich, unermüdlich und unerbittlich auffordert, hinter das Augenscheinliche zu blicken, und mich auf diese Weise lehrt, mich zu einem klaren, liebevollen und authentischen Menschen zu entwickeln. Ich wünsche jedem Menschen einen so wundervollen Lehrmeister. Auch den Pferden Alexa, Ariano, Larissa, Ricki, Pasha, Lotus, Azahr, Lucy, Nancy, Sunny, Gaafar und vielen vielen anderen sei hier für ihre lehrreichen Lektionen gedankt.

Meine Mutter gab mir die Liebe zu Menschen mit auf meinen Lebensweg, mein Vater die Liebe zur Natur, meine Tante die Liebe zu den Tieren. Für diese unermeßlich wertvollen Geschenke möchte ich ihnen danken.

Für die emotionale Unterstützung möchte ich mich bei Karl Strobel, meinen Freunden Jutta und Manfred Jonschel, Christiane Reil, Ulrike Frohmann sowie der Familie Hugl und der Familie Heilgemeir bedanken.

Dieter Hörner, der mich stets inspiriert und motiviert hat, möchte ich für das Wissen, die Begeisterung und unbändige Lebensfreude danken, die er mir vermittelt hat.

Herzlichen Dank auch meinen Seminarteilnehmern, deren Motivation und Begeisterung mich zu diesem Buch ermutigt haben.

Zum Weiterlesen

Bach, Richard: Illusionen. Verlag Ullstein, 1978

Bach, Wilfried: Das Tao des Reitens. Kosmos Verlag, 1998

Bek, Lilla / Pullar, Philippa: Chakraenergie. Scherz Verlag, 1985

Berne, Eric: Spiele der Erwachsenen. Rowohlt Verlag, 1967

Drever James, Fröhlich W.D.: Wörterbuch zur Psychologie. Deutscher Taschenbuchverlag, 1974

GaWaNi Pony Boy/Gabriele Boiselle: Horse, Follow Closely. Kosmos Verlag, 1999

Gerweck, Dr. Gerhart: Die Psyche des Pferdes. Kosmos Verlag, 1997

Hempfling, Klaus Ferdinand: Mit Pferden tanzen. Kosmos Verlag, 1993

Hempfling, Klaus Ferdinand: Frau und Pferd. Kosmos Verlag, 1999

Kölsch, Hans-Christoph: NLP Kurz & praktisch. Verlag Hermann Bauer, 1997

Kopmeyer, M. R.: Lebenserfolg. Droemersche Verlagsanstalt, 1985

Long, Max F. : Kahuna-Magie. Verlag Hermann Bauer

Millman, Dan: Der Pfad des friedvollen Kriegers. Scherz Verlag, 1984

Redfield, James: Die Erkenntnisse von Celestine. Wilhelm Heyne Verlag, 1995

Redfield, James: Die Prophezeiungen von Celestine. Wilhelm Heyne Verlag, 1993

Schäfer, Michael: Die Sprache des Pferdes. Kosmos Verlag , 1993

Scheidhacker, Dr. Michaela: Das Pferd – reales Beziehungsobjekt und archetypisches Symbol. Vortrag 1995

Steiner, Claude: Wie man Lebenspläne verändert. Junfermannsche Verlagsbuchhandlung, 1982

Tellington-Jones, Linda: Die Persönlichkeit Ihres Pferdes. Kosmos Verlag, 1995

Tepperwein, Kurt: Die geistigen Gesetze. Wilhelm Goldmann Verlag, 1992

Tepperwein, Kurt: Wissen – Handeln –Sein. Verlag «Die Silberschnur», 1998

Vavra, Robert: Pferdestudien. Co-Libiris Verlagsgesellschaft, 1979

Zeeb, Klaus: Die Natur des Pferdes. Kosmos Verlag, 1998

Register

Angst 150,156 ff.
Ängste 14, 15, 145, 156 ff.
Anima 46
Animalisches 48 ff.
Animus 46
Anker-Checkliste 172
Armes-Ich 108, 112, 113, 122, 123
Aspekt, polarer 82
Automatismen 116
Beziehungsprofil 39
Bodenanker 169 ff.
Chakras
– Hals 126, Herz- 126, Kronen- oder Scheitel- 127 Sakral- oder Sexual- 125, Solarplexus- 126, Stirn- oder drittes Auge 126, Wurzel- oder Basis 125
Denken, positives 80, 89f.
Distanz 38
Dominanz 22, 27, 43, 103
Dressur 41
Egoposaune 154
Egotrip 137
Eigenschaften, archaische 47
Eigenschaften, positive und negative 83 f.
Einschüchterer 108
Energie 78, 79, 80, 82, 88, 115, 122, 132, 138, 143, 171
Energieräuber 134
Energiezentrum 122, 124 ff.
Fähigkeiten 150, 161,168, 181
Fitneß 164 f.
Fremdbestimmung 150
Führungsanspruch 26 ff.
Führungspersönlichkeit 116
Führungsqualitäten 22, 26, 28, 29, 137
Gegensätzlichkeiten 62
Gesetze
– der Freiheit 142, der Fülle 140, der Polarität 82, der Resonanz 66f., 140, des Denkens 78
Gesetze, geistige 65 ff.
Grundbedürfnisse, psychologische 132
Harmoniekreis 167
Herdenhierarchie 21 ff.
Hier und Jetzt 31
Instanzen, innere 168 ff.
Integration 45 f.
Ist- und Soll-Bilanz 58 ff.
Kampf um Energie 133, 135 ff.
Kettenreaktion 132
Kommunikation 30, 34, 49
Kommunikationsmittel 30f.
Kongruenz 31
Kontaktaufnahme 14, 34
Kontrolldramen 107 ff.
Kontrollsucht 138, 144
Körpersprache 30, 36 ff., 153
Kraft, innere 168 ff., 178
Lächeln, inneres 128
Leithengst 21,22, 26 ff., 38
Leitstute 22, 25, 27 ff., 38
Leittier 20 ff., 38, 137,
Leittierqualitäten 41 ff., 116
Machtanspruch 137 ff.
Machtkampf 138 ff.
Mangeldenken 141
Marionettenübung 153 f.
Meditation 90 ff., 128 f.
Nähe 38
Neurolinguistisches Programmieren (NLP) 8, 169
Parallelen 62
Persönlichkeitstrainer 7, 31, 73, 74, 115
Persönlichkeitstraining 7, 62, 108, 150
Rangordnung 22f., 27 f., 43
Resonanz 66 f., 140
resonanzfähig 67, 71
Schwingungszustand 67 ff., 71
Sehnsüchte 14, 15, 74
Selbsterkenntnis 15
Selbst, ideales 151 ff.
Selbstbewußtsein 151, 159, 160
Selbstbild 141, 150, 154, 160, 164, 168, 177
Selbsttest 39, 61
Selbstvertrauen 70, 151, 160
sich tragen lassen 144 ff.
Solarplexus 122
Stärken und Talente 161
Symbole 13, 58 ff., 74, 143
Symbolträger 8, 47, 58 ff., 71ff.
Übung: Freiraum gewähren 74, 75, 118, 119, 120, 142, Kontakt aufnehmen 121, Körpersprache 36, sich tragen lassen 121
Unnahbarer 108, 110
Unterbewußtsein 13, 47
Vergangenheit 96, 105 ff.
Verhaltensmuster 39, 107
Vernehmungsbeamter 108, 110
Verstärkung, positive 88
Vertrauen 22, 168 ff., 174
Vorstellung, bildliche 89
Vorstellungskraft 79 ff.
Wachstumschance 68, 77
Werte auf der Habenseite 80, 158, 159
Wertehierarchie 59
Wertschätzung 158
Zeitspur 96 ff.
Zeitspur Ihres Pferdes 104
Zeitspur mit Pferden 97 ff.
Zufälle 53 ff.

Neu:
Kosmos Reiterwissen –
Die Reihe für den selbstbewußten Reiter

Jeder Band mit Extra-Profitips von Weltmeistern, Erfolgstrainern und Experten.
Moderne Gestaltung, verständlicher Text, praxisnah und kompetent. Im Mittelpunkt steht das Pferd als Partner in Freizeit und Sport.

- **Basiswissen kompakt**
- **Schritt-für-Schritt-Sequenzen**
- **Checklisten, Infokästen**
- **Serviceteil**
- **Die Reihe wird fortgesetzt**

Grenzenlose Freiheit:
Indianisches Pferdetraining

Bedingungsloses gegenseitiges Vertrauen war die Grundlage der Beziehung zwischen einem Indianer und seinem Pony – hing davon doch oft genug sein Überleben ab. Überlieferte Ausbildungsmethoden sind die Basis des „Beziehungstrainings", das der Indianer GaWaNi Pony Boy entwickelt hat.
Mit brillanten, ausdrucksstarken Fotos der bekannten Pferdefotografin Gabriele Boiselle und faszinierenden Legenden wird der Leser in eine Welt entführt, in der der Mensch noch Teil der Natur ist. GaWaNi Pony Boy erläutert seinen besonderen Umgang mit Pferden und zeigt, wie auch wir diesen Schlüssel zu Harmonie und Einheit finden können.

- **Indianische Horsemanship in Vollendung**
- **Bilder voll Leuchtkraft und Poesie**
- **Ein Geschenkbuch der besonderen Art**

GaWaNi Pony Boy
Gabriele Boiselle
Horse, Follow Closely
140 Seiten
DM 68,– /ÖS 496,–/SFR 62,–
ISBN 3-440-07957-0